Sebastian Fickert – Namibia

Dr. Sebastian Fickert wurde am 29.4.1976 geboren. Nach dem Studium der Rechtswissenschaft an der Universität Würzburg promovierte er auf dem Gebiet des Strafprozessrechts. Anfang 2004 wurde er zum Richter ernannt. Er arbeitete zwischenzeitlich als Staatsanwalt, danach als Richter am Amtsgericht Gemünden am Main. Von Oktober 2008 bis November 2016 war er Richter am Landgericht Würzburg, seit Dezember 2016 ist er Richter am Oberlandesgericht Bamberg. Im Verlag Königshausen und Neumann erschienen von ihm bislang das Buch „14 Wochen Japan“, die Reiseerzählungen „Kasachstan“, „Ararat“ und „Ecuador“ sowie die Romane „Der Frosch auf dem Wasser“ und „Eckert oder der Vogel im Weinberg“.

Sebastian Fickert

Namibia

Eine Reiseerzählung

Königshausen & Neumann

Bibliografische Information der Deutschen Nationalbibliothek

Die Deutsche Nationalbibliothek verzeichnet diese Publikation in der Deutschen Nationalbibliografie; detaillierte bibliografische Daten sind im Internet über http://dnb.d-nb.de abrufbar.

Gedruckt auf säurefreiem, alterungsbeständigem Papier
Umschlagabbildungen: Fotos: Autor

Printed in Germany
ISBN 978-3-8260-7106-5
www.koenigshausen-neumann.de
www.libri.de
www.buchhandel.de
www.buchkatalog.de

Inhalt

Eins

Aufbruch

„Wir zogen Linien auf Landkarten von Gebieten, in die ein weißer Mann noch nie seinen Fuß gesetzt hatte."

Lord Salisbury

Die dunklen Steine unter mir geben die Wärme der letzten Tage zurück. Es ist heiß in Würzburg, 31 Grad wurden letzte Nacht gemessen. In Frankfurt am Main werden in den nächsten drei Tagen über 40 Grad erwartet. Die „Bild" titelt in Großbuchstaben über die „50-Grad Angst". Seltsam, dass ich in den nächsten zwei Wochen eine deutliche Abkühlung erfahren werde – in Afrika. In Namibia ist Winter.

„Hoffentlich kommen wir noch rein." Die zwei Backpacker, die neben mir auf dem Bahnsteig stehen, wollen ebenfalls zum Frankfurter Flughafen. Und wie ich fürchten sie, dass in den überfüllten Zug keine Fahrgäste mehr zusteigen dürfen. Aber sie haben bis zu ihrem Abflug nach Malaysia einen größeren Zeitpuffer. Den hatte ich ursprünglich auch vorgesehen.

Geplant war, dass mein Bruder in Straubing in den Zug steigt, ich in Würzburg und wir zusammen mindestens zweieinhalb Stunden vor Abflug am Flughafen ankommen. Ich fahre oft mit der Bahn und kenne einige Verspätungsgründe: Triebwerkschäden, Weichen- oder Signalstörungen, Arbeiten am Gleis, Entschärfung einer Fliegerbombe, nicht schließende Türen, Warten auf Anschlussreisende, Starkregen bis zur ehrlichen Durchsage: „Ich weiß nicht, was heute wieder los ist." Deshalb der Plan. Vorgestern rief mich meine Schwägerin an.

„Sag mal, fliegt ihr jetzt am Freitag oder am Samstag?"

Meint sie das ernst?

„Freitag."

„Stefan dachte, ihr fliegt am Samstag. Er muss Freitag noch arbeiten. Welchen Zug nimmst du?"

„Den, der um 15.55 Uhr in Würzburg abfährt."

„Das schafft er nicht. Er nimmt den, der eine halbe Stunde später fährt."

„Okay, soll er machen. Mir ist das zu knapp."

„Willst du nicht auch den späteren nehmen? Was willst du denn so früh am Flughafen?"

Was soll man darauf antworten? Ich blieb bei meinem Entschluss.

Allerdings kam mir am Vormittag einiges in die Quere. Nach Schulschluss präsentierten mir meine Kinder Jan und Naomi ihre Jahreszeugnisse. Außerdem wollten sie nicht, dass ich „jetzt schon" gehe. Um 15.57 Uhr kam ich am Bahnsteig an. Ausgerechnet dieser Zug fuhr pünktlich. Dafür hat der folgende Verspätung.

Ich stehe am Bahnsteig und versuche meinen Bruder zu erreichen. Vorhin war sein Telefon ausgeschaltet. Jetzt klingelt es. Er hebt ab. Ohne Begrüßungs- und Befindlichkeitsfloskeln komme ich schnell zum Punkt: „Hi. Ich habe meinen Zug verpasst. In welchem Abteil sitzt du? Wir fahren doch zusammen."

„Leider nicht."

„Wie?"

„Ich habe meinen auch verpasst. Ich muss schauen, dass ich den nächsten erreiche. Hoffentlich komme ich rein."

Das Zeitmanagement meines Bruders ist berüchtigt: Als ich das erste Mal im Alter von zwölf Jahren mit ihm ins Kino wollte, stieg er zehn Minuten vor dem angegebenen Filmbeginn mit den Worten „die zeigen eh noch Werbung" in die Dusche. Vor zwei Wochen traf ich ihn in München. Er wollte mit seiner Frau ein Konzert auf dem Tollwood besuchen. Vor dem Konzertzelt bestellte er seelenruhig sein Abendessen, während die Menge drinnen dem Sänger zujubelte. Und vor 21 Jahren reiste ich mit ihm durch die USA. Unsere Großmutter, die ihn gut kannte, prophezeite im Vorfeld, wir würden mindestens einmal mit unserem „Billet" – wie sie das Flugticket nannte – in der Hand am Boden stehen und dem Flieger nachschauen. Sie hatte Unrecht, auch wenn es bei dem Abflug in New York in der Tat sehr knapp war.

Andererseits bin ich froh, dass er mich für eine Woche begleiten will. Ich fahre zwei Wochen mit einem Geländewagen durch Namibia, in der zweiten Woche allein. Als ich im Freundeskreis davon erzählte, erntete ich zunächst nur begeisterte Reaktionen. Auf meinen Hinweis, dass im Wagen ein Platz frei sei, kamen Antworten wie: „Ah – Afrika, da gibt es schlimme Krankheiten" oder „ich glaube, das schaue ich mir lieber im Fernsehen an". Und Nils, der mich durch Ecuador begleitete, wird in den nächsten Wochen Vater.

Auch wenn ich die Route genau geplant habe: Ich habe Respekt davor, ohne Begleitung durch das Land zu reisen. Deshalb würde mich

– jetzt selbst im Zug sitzend – interessieren, ob Stefan zumindest den nächsten erreicht hat.

„Ich ruf' dich zurück", sagt er mit tiefer Stimme und legt wieder auf. Das verheißt nichts Gutes. Ich halte kurz inne – im Notfall ziehe ich das allein durch.

Eine Stunde später meldet sich mein Bruder. Er steht in einem überfüllten Zug, in den er nur mit viel Glück gelangte. „Aber", fügt er optimistisch hinzu, „ich sehe schon den Main."

Den sah ich bereits bei der Abfahrt in Würzburg und jetzt wieder in Frankfurt. „Ich werde am Flughafen einchecken und denen mitteilen, dass du eventuell noch kommst", antworte ich.

Als ich am Flughafen aus dem Zug steige, surrt mein Telefon. Diesmal ist es nicht Stefan, sondern ein Freund, der gerne „ganz kurz" eine rechtliche Einschätzung hätte. Während er mir den Sachverhalt zu einem großen Bauvorhaben – eine verworrene Konstellation mit mehreren Unternehmen aus verschiedenen Ländern und Problemen aus dem Vereins- und Strafrecht – schildert, schultere ich den Rucksack und hebe den Koffer auf den Bahnsteig. Es ist offenbar sehr dringend, er lässt sich kaum unterbrechen. Endlich kann ich ihn in einer Atempause darauf hinweisen, dass der Zeitpunkt gerade sehr ungünstig ist.

„Ja, okay", sagt er, „aber kann ich dir vielleicht ein paar Unterlagen schicken?"

Zeitgleich klopft Stefan an, weil er – wie er mir gleich sagen wird – bereits online eingecheckt hat, ich dem „Herrn am Schalter" aber „auf jeden Fall einschärfen" soll, dass wir nebeneinandersitzen wollen.

Liegt das an der Hitze? Heute Morgen hörte ich im Radio eine Reportage über ihren Einfluss auf die Gemütslage der Menschen.

Als ich am Schalter dem Mitarbeiter der Airline die Situation und den Wunsch meines Bruders schildere, blickt er mich an, als habe er in eine Zitrone gebissen.

„Schwierig. Es ist schon spät." Die Worte passen nicht zu seiner geringen Redegeschwindigkeit. „Und wo ist Ihr Bruder jetzt?"

Das wüsste ich auch gerne.

„Das kann ich nur machen, wenn er da ist."

Am Telefon ist er nicht erreichbar. Tatsächlich haben noch nicht alle Passagiere ihr Gepäck aufgegeben. Ein Ehepaar, das seine zwei Rhodesian Ridgeback mitnehmen will, wartet neben mir. Es gibt Probleme mit den Papieren. Vor allem der jüngere Hund lässt sich kaum beruhigen. Sein Herrchen gibt ihm die Leine. Er schüttelt sie wild, der Eisenverschluss trifft ihn links und rechts. Er wird immer wilder, knurrt die Leine an. Jedenfalls ist er beschäftigt.

Stefan taucht auf.

„Alles gut?“, frage ich.

„Der Zug hatte Verspätung. Eine allein reisende Frau im Abteil hat deshalb lautstark eine halbe Stunde die Bahn verflucht. Das war ein bisschen anstrengend. Aber sonst alles gut.“ Die Hitze.

Mittlerweile hat eine Mitarbeiterin den Herrn am Schalter ersetzt. Die Hunde werden in ihren Gitterboxen abtransportiert. Stefan gibt als letzter Passagier sein Gepäck auf. Die Frau lächelt: „Sie sitzen nebeneinander.“

„Noch eine Frage: Wo kann man denn hier duschen?“

Ich schaue ihn an. Es ist kein Scherz.

„Eehhh.“ Auch die Frau muss kurz überlegen. „Die Duschen sind oben. Aber das wird zu knapp. Sie brauchen eine halbe Stunde bis zum Gate, mit Sicherheitskontrolle, etc.“

„Ich brauche nur zwei Minuten. Das ist nicht wie bei den Frauen.“ Er grinst. Sie lacht: „Na dann.“

Ich verabschiede mich von ihm, gehe Richtung Gate und esse mit Blick auf den Flieger eine scharfe vietnamesische Suppe. Pünktlich zum Boarden komme ich ans Gate. Stefan steht hinter mir. Wir steigen in den Flieger, der planmäßig abhebt.

„Eigentlich“, sagt er, „war das doch ganz entspannt.“

Ganz so entspannt ist es im Flieger nicht. Der Pilot prophezeit vor dem Takeoff größere Turbulenzen und er übertreibt keineswegs. Die Stewardessen verzichten vorerst auf die Ausgabe des Abendessens. Es ist angespannt ruhig und das Kinoprogramm bietet keine Ablenkung: Im einzigen nicht kostpflichtigen Film rettet die „PAW Patrol“ ein gestrandetes Walbaby. So ansprechend die computeranimierten Hundewelpen mit ihren kessen Sprüchen („Ich bin ein Wuff-Wuff-Rettungshund“) für die entsprechende Zielgruppe sein mögen, ich habe im Flieger keinen U-Sechsjährigen gesehen.

Immerhin beruhigt sich das Wetter draußen und die Flugbegleiterinnen wagen sich auf den Gang.
In Erinnerung an Nils' goldene Regel für Nachtflüge, die er mir auf dem Weg nach Ecuador verriet („am besten ist Rotwein – da besteht zumindest eine geringe Chance, dass man ein bisschen schlafen kann"), bestelle ich entsprechend. Die brasilianische Stewardess, mit der wir uns vor dem Takeoff kurz über Namibia unterhalten haben, blinzelt mir verschwörerisch zu und überreicht einen gut gefüllten Becher. Erst eine halbe Stunde später kann ich das Blinzeln einordnen, als ihre Kollegin den kostenpflichtigen zweiten Rotwein für die Economy Class serviert. Anders als der erste, der offenbar nur in der Business Class ausgeschenkt wird, hat dieser einen Essigstich. Als ich ihr das verklausuliert mitteile, nickt sie wissend und tauscht ihn ohne Umschweife mit den Worten „da bekommt man keine Kopfschmerzen" in einen Wodka-Longdrink um. Stefan schließt sich meiner Getränkewahl an, wir stoßen an, er zeigt mit der linken Hand aus dem Fenster: „Dort unten liegt Interlaken." 1993 haben wir in der Schweiz unseren ersten gemeinsamen Urlaub verbracht. Fünf Jahre später reisten wir durch die USA. Und erst über 20 Jahre später sind wir wieder zu zweit unterwegs. Falls die Zeitabstände sich entsprechend verlängern, könnten wir es in diesem Leben noch einmal schaffen.
Weil sich sein Interesse für die „Helfer auf vier Pfoten" ebenfalls in Grenzen hält, studieren wir gemeinsam auf dem Monitor die Karte, auf der die Flugroute angezeigt wird. Stefan deutet auf die Orte in Europa, die er mit dem Motorrad abgefahren ist. Seine Erlebnisse erinnern mich an Ted Simon, der mit dem Motorrad allerdings nicht nur Europa durchquert, sondern die ganze Welt umrundet hat, und das zweimal. Simon startete die erste Fahrt als 42jähriger, die zweite im Alter von 70. Über jede Reise schrieb er ein Buch. Das zweite wirkt, obwohl er eine bessere Maschine und weniger Pannen hat, deutlich pessimistischer. Düster zeichnet er Orte, die ihn bei der ersten Fahrt begeisterten. In das Klagelied über die immer schlechter werdende Welt will ich nicht einstimmen. „Ich weiß nicht, ob das am Alter, seiner Persönlichkeit oder daran liegt, dass man so etwas nicht mit derselben Stimmung wiederholen kann."
„Vermutlich alles zusammengenommen", antwortet Stefan.

Unter uns leuchten in der Dunkelheit italienische Städte. Auf dem Bildschirm vor uns verfolgen wir die weitere Flugroute über den afrikanischen Kontinent. „Die Grenzen wirken teilweise wie mit dem Lineal gezogen", sagt mein Bruder.

Das sind sie auch. Als im 19. Jahrhundert die europäischen Mächte Afrika aufteilten, fanden sie nur mühsam zu Einigungen. Die scharfen Linien sollten zumindest die Umsetzung der Beschlüsse vereinfachen. Das Deutsche Reich zeigte anfangs wenig Interesse an der Gründung von Kolonien. „Ihre Karte von Afrika ist ja sehr schön", sagte Bismarck zu einem Journalisten, „aber meine Karte von Afrika liegt in Europa." Die Kosten für die Errichtung und Behauptung würden den Nutzen weit übersteigen. Doch nachdem der Bremer Kaufmann Lüderitz große Flächen im Südwesten des Kontinents von einem Nama-Anführer erworben (man könnte auch sagen: erschwindelt) hatte und in der Bevölkerung das Kolonialfieber stieg, beteiligte sich Deutschland am Wettlauf um Afrika. Bei der Kongo-Konferenz 1884/1885 wurden die Grenzen im Süd- und Nordwesten, 1886 in Absprache mit Portugal die Nordgrenze Südwestafrikas vollends abgesteckt, wobei der Einsatz deutschen Personals vor Ort anfangs überschaubar blieb: Zu drei Beamten der Kolonialverwaltung gesellten sich zwei Offiziere und fünf Unteroffiziere.

„Und was ist das?", fragt Stefan und deutet auf einen Streifen, der im Nordosten Namibias abspreizt.

„Das ist der Caprivizipfel."

„Wie?"

„Der Caprivizipfel."

Wer davon noch nicht gehört hat, assoziiert vermutlich eher ein Dessert Loriots als einen dünnen Landstrich. Vielleicht wird das Gebiet deshalb auch „Caprivistreifen" genannt. Deutschland wollte einen Zugang zum Sambesi, nicht nur weil das auf der Karte schön aussah. Geplant war eine schiffbare Verbindung zur Kolonie am Indischen Ozean. 1890 schloss Bismarcks Nachfolger, der Reichskanzler Leo von Caprivi, mit England einen Vertrag: Das Deutsche Reich bekam den Zipfel, der aus dem britischen Protektorat Betschuanaland geschnitten wurde, und außerdem Helgoland. Im Gegenzug überließ Deutschland Sansibar, Gebiete des heutigen Uganda und Wituland den Engländern. „Wir zogen Linien auf

Landkarten von Gebieten, in die ein weißer Mann noch nie seinen Fuß gesetzt hatte. Wir schoben uns gegenseitig Gebirge, Flüsse und Seen zu", schrieb der damalige britische Premierminister Lord Salisbury.

Doch der Plan ging für Deutschland nicht auf: Weil die Briten Rhodesien (heute Simbabwe) kolonisierten, scheiterte die Verbindung nach Deutsch-Ostafrika. Zudem erwiesen sich die Viktoriafälle für die Schiffe als unüberwindbar. Und dass Zeichnungen auf einem Plan die Menschen vor Ort nicht immer interessieren, rundete die Sache ab: Die im Caprivistreifen lebenden Lozi erfuhren erst mit einer Verspätung von knapp 20 Jahren davon, dass sie auf „Deutschem Schutzgebiet" lebten. Daraufhin verließen sie die Region. Ein paar Jahre später war Deutsch-Südwestafrika bereits Geschichte. Südafrikanische Truppen besetzten die Kolonie im Ersten Weltkrieg, offiziell wurde ihr Ende im Versailler Vertrag 1919 besiegelt.

Vom Norden Namibias sind wir noch ein gutes Stück entfernt. Wir sehen keine Lichter unter uns, obwohl die auf der Karte eingezeichneten nordafrikanischen Städte in der Nähe sein müssten.

„Mir fällt gerade auf, dass ich ziemlich wenig über Afrika weiß", sagt Stefan. Er zeigt auf den Bildschirm: „Die Namen der Städte habe ich nie gehört."

Das geht mir ähnlich. Selbst über die meisten Hauptstädte weiß ich nichts, wenn dort kein medial aufbereitetes Spektakel wie der „Rumble in the Jungle" in Kinshasa stattfand. Nur mit Namibia habe ich mich bislang auseinandergesetzt, Geschichten gelesen, wie die der Siedlerin Else Sonnenberg, die vor dem Hereroaufstand nach „Südwest" reiste, Bücher über den folgenden Genozid oder die Dramen, die sich an der Skelettküste abspielten. Auch der Hintergrund des namibischen Wappens, das auf dem gerade ausgehändigten Einreiseformular prangt, ist mir bekannt, mit den hervorgehobenen Werten Unity, Liberty, Justice, und der abgebildeten Natur: Die auf den Hinterbeinen stehenden Oryxantilopen symbolisieren Eleganz, der Adler Weitsicht, die Welwitschia Widerstandskraft und Anpassungsfähigkeit. 2000 Jahre alt kann die nach dem österreichischen Entdecker benannte Pflanze werden, was man ihr angesichts ihrer zerrupften zwei Blätter und der wasserarmen Umgebung, in der sie wächst, nicht unbedingt zutraut.

Anpassungsfähigkeit brauche ich in dem Sitz gerade auch. Es dauert, bis ich die richtige Sitzposition finde. Ich döse ein. 10.000 Meter über dem Boden kreuzen Geschichten über Personen durch meinen Kopf, die früher ungleich beschwerlicher reisten: Etwa der legendäre Forscher David Livingstone, der das südliche Afrika Mitte des 19. Jahrhunderts mehrmals durchquerte, die Viktoriafälle fand und dessen Herz wunschgemäß in Afrika begraben wurde. Oder Else Sonnenberg, die nach vierwöchiger Seereise in Swakopmund ankam, um dann weitere Wochen in sengender Hitze mit dem Ochsenkarren Richtung Waterberg zu ziehen. Alexander von Humboldt kämpfte sich durch Südamerika, Alexandre Yersin, der den Pesterreger identifizierte, durch Südostasien – die beiden und Livingstone von fieberhafter Begeisterung getrieben, zu entdecken. Die Strapazen ihrer Reisen schienen sie mehr anzuspornen als zu ermüden.

Zwei

Windhoek – Sesriem

„Ich liebe die Namib. Ich werde hier nie weggehen."

Aus: Ton van der Lee, Solitaire

Minus 45 Grad – und das nur einen halben Meter von mir entfernt. Nach wie vor ist es draußen dunkel. Wir haben den Kongo und Angola überflogen. Kein Licht ist unten zu sehen. Westlich von uns liegt der 500 Kilometer lange und 30 Kilometer breite Skeleton Coast Park. Nebel, Brandung, Felsen und Sandbänke haben an der Skelettküste unzählige Schiffe stranden lassen. Die an Land geschwemmten Schiffsrümpfe werden vom Salz zerfressen, manche sind wegen des sich ändernden Küstenlaufs landeinwärts gewandert und stehen auf Dünen. Mitten im Zweiten Weltkrieg, wo es andernorts darum ging, möglichst viel Leben auszulöschen, löste die wohl bekannteste Havarie eine Rettungsaktion aus, die ihresgleichen suchen und nicht so schnell finden wird: Die Dunedin Star rammte im November 1942 einen Felsen, der ein Loch in den Rumpf riss. Der Kapitän ließ das Schiff mit insgesamt über 100 Passagieren und Besatzungsmitgliedern auf Grund fahren und setzte einen Notruf ab. Ein Teil der Schiffbrüchigen, darunter drei Babys mit ihren Müttern, konnte mit einem Rettungsboot an den Strand gebracht werden, bevor es zerbrach. Vier Schiffe machten sich zur Rettung auf, von denen eines selbst strandete. Ein weiteres musste umkehren, weil es nicht mehr genug Heizkohle hatte, das dritte erlitt einen Maschinenschaden. Die weiteren Anläufe, die an Land wartenden Gestrandeten zu retten, scheiterten teilweise daran, dass die Brandung die Rettungsboote umriss. Ein Luftwaffenpilot schaffte es, mit seiner Lockheed in der Wüste zu landen. Allerdings war sein Versuch, mit den gestrandeten Frauen und Kindern zurückzukehren, auch nicht von Erfolg gekrönt, weil das zwölf Tonnen schwere Flugzeug im Sand versank. Damit wartete bereits die dritte Crew auf Rettung. Zwei Konvois mit acht beziehungsweise fünf Fahrzeugen versuchten, die Dunedin Star auf dem Landweg zu erreichen. Der größere wurde von einem Captain namens Smith angeführt, der unglücklicherweise nur *eine* Luftpumpe im Gepäck hatte. Da in der Wüste je nach Festigkeit des Untergrundes aus den Fahrzeugreifen Luft abgelassen oder ihnen zugeführt werden musste, war Smith intensiv mit dem Aufpumpen der Reifen beschäftigt, was ihm den Beinamen

„Pump Smith“ einbrachte. Der zweite Konvoi verlor unterwegs ein Fahrzeug und kam nur stockend voran. Smith brauchte für die Durchquerung des 1000 km langen Wüstengebietes zwei Wochen. Der Rückweg mit überladenen Fahrzeugen und einer schwangeren Geretteten gestaltete sich noch schwieriger. Dennoch erreichte der Konvoi knapp vier Wochen nach Havarie der Dunedin Star an Weihnachten Windhoek. Der Luftwaffenpilot versuchte, zunächst per Schiff, dann mit einem weiteren Konvoi seine Lockheed aus der Wüste zu retten. Einen weiteren Monat später war sein Flugzeug tatsächlich aus dem Sand gegraben und hob ab. Doch das Schicksal wollte es dem Piloten nicht zu einfach machen: 45 Minuten nach dem Start streikte der Motor und die Maschine krachte in den Atlantik. Immerhin konnte sich die Crew retten und in der Wüste den zurückfahrenden Konvoi abfangen, der sie nach Windhoek zurückbrachte. Auch wenn es schon damals nicht am guten Willen fehlte, haben Reisende der Gegenwart wenig Anlass, sich zu beschweren.

Unser Pilot teilt über die Lautsprecher mit, dass wir bald landen. Vier Grad beträgt die Temperatur gerade in Windhoek. Die Boeing sinkt, kurz vor der Landung sehe ich draußen weder Lichter noch sonstige Zeichen einer Zivilisation. Inmitten einer ausgedörrten Strauchlandschaft setzt die Maschine auf. Über die Gangway gelangen wir auf die Landebahn, an deren Rand wir bis zum Flughafengebäude entlanglaufen. Am Horizont leuchtet das Morgenrot, der Himmel ist noch dunkel. Der Anblick ist faszinierend. Das finden auch einige Mitreisende, die sofort ihre Smartphones zücken, was dem Flughafenpersonal weniger gefällt. „No photos, please!“, höre ich die Sicherheitsleute mehrfach rufen. Mit Pudelmützen auf dem Kopf, eingepackt in dicke Anoraks und Handschuhe rudern sie mit den Armen, als wollten sie sich dadurch ein bisschen aufwärmen. Auch das ist ein interessantes Bild: Man sieht weiße Waden und Unterarme unter den kurzen Hosen beziehungsweise T-Shirts der Passagiere, aber nur schwarze Nasenspitzen der frierenden Security. Mittlerweile dürfte es deutlich wärmer als vier Grad sein, es ist frisch, aber nicht unangenehm. Auf der Landebahn ist ansonsten wenig Betrieb. Wie die Anzeigetafel verrät, werden bis zur Mittagszeit gerade einmal zehn Flieger ankommen, die Hälfte davon aus Johannesburg. Hingegen ist die Warteschlange im Terminal des Hosea-

Kutako-International-Airports – entsprechend der Dauer der Passkontrolle – sehr lang. Wir haben ausgiebig Zeit, den Schalter zur Anmeldung von Jagdwaffen und die Fotos politischer Anführer zu studieren. Ein wichtiger ist sicherlich der Hereroführer, der 1980 als Namensgeber des Flughafens ausgewählt wurde, nachdem dieser bei seiner Inbetriebnahme 1964 nach dem südafrikanischen Apartheidsverfechter Stijdom benannt worden war. Kutako setzte sich demgegenüber friedlich für die Unabhängigkeit des späteren Namibias von Südafrika und für die Erinnerung an die an seinem Stamm begangenen Gräuel während der Kolonialzeit ein. Darüber hinaus war ihm an einer Versöhnung der Stämme gelegen. Er veranlasste die Bestattung des verstorbenen Herero-Häuptlings Samuel Maharero nahe dem Grab des Orlam-Anführers Jonker Afrikaner in Okahandja und verfügte, dass er selbst nach seinem Tod neben diesem begraben werde.

Freundlich empfängt uns der englischsprechende Fahrer in der Empfangshalle. „Der Bankautomat ist draußen", ist der dritte Satz, den er sagt. Er weiß, worauf es ankommt. Denn Namibia Dollar haben wir noch nicht im Gepäck.

Rechts neben dem Automaten ist eine dunkle Ecke, in der zwei Personen unter Decken kauern. Zwischen Pudelmützen und Decke sind lediglich die dunklen Nasen zu erkennen. Fokussiert auf den Bildschirm versuche ich mich durch das Menü zu tasten. Plötzlich gleitet von rechts eine Hand zum Display und drückt flink auf verschiedene Schaltflächen. Nur den Betrag, den ich abheben will, gibt sie nicht ein. Die Hand gehört nicht einem Obdachlosen, der in der Ecke übernachtet, sondern einer fürsorglichen, aber frierenden Angestellten, die mit ihrer Kollegin geduldig auf Automatennutzer wartet. Bis ich das erfasst habe, hat mein Körper so viel Adrenalin ausgeschüttet, dass ich mich in der nächsten halben Stunde sehr wach fühle.

Unser Fahrer wartet ebenfalls geduldig auf uns und lässt dann das Auto durch die angenehm kühle, karge Landschaft gleiten.

„Wann hat es das letzte Mal hier geregnet?", frage ich.

„Mmmhhh – lange her." Er überlegt. „Ich glaube im Dezember."

Draußen ziehen Antilopen, Siedlungen mit stacheldrahtgesicherten Häusern und ein ausgetrockneter Flusslauf namens „Bismarck" vorbei. In Windhoek lese ich weitere vertraute Namen wie die Daimler-

oder die Steinstraße. Eine sehr lange und große Straße ist Sam Nujoma gewidmet. Nujoma war von 1990 bis 2005 der erste Präsident des unabhängigen Namibias. Rief er anfangs zur „Wiederversöhnung aller Rassen unserer Heimat“ auf, entwickelte er sich später zu einem Autokraten. Entgegen der ursprünglichen Verfassung übernahm er eine dritte Amtszeit, in der sich die Korruptionsvorwürfe gegen ihn häuften. Zuletzt fiel er durch Hetzreden gegen Engländer und Deutsche auf, denen – falls sie nicht kooperieren – „in den Kopf geschossen werden sollte“. Hingegen scheint er große Autos aus Deutschland, die er sich auf Staatskosten geleistet hat, sehr zu schätzen. Passend dazu fahren wir an einem schicken Autohaus mit teuren Mercedes vorbei.

Die Stadt ist noch ruhig. Nur bei unserer Autovermietung sehe ich Betriebsamkeit. Nach einer kurzen Begrüßung werden vor uns die Papiere ausgebreitet. Die professionelle und schnelle Arbeitsweise der Vermietung habe ich bereits im Vorfeld der Reise kennengelernt. Anfang Februar mailte ich dem Unternehmen und fragte nach einem 4x4-Geländewagen mit Dachzelt. Eine Stunde später erhielt ich in geschliffenem Deutsch das Angebot aus Namibia, verbunden mit der Aufforderung, bis zum Folgetag die Personalien sowie die Angaben zum internationalen und nationalen Führerschein, vor allem aber zur Kreditkarte zu übermitteln. Weil ich letztere nicht dabeihatte und unterwegs war, füllte ich das Formular nur fast vollständig aus, und schickte es mit dem Hinweis ab, dass die Angaben zur Kreditkarte zwei Tage später folgten. Postwendend erhielt ich die Antwort, das Angebot könnte solange nicht aufrechterhalten werden: „Unsere Firma arbeitet auf einer „First Come – First Serve“ Basis. Ihre Reisedaten fallen in die Hochsaison und die Verfügbarkeit ist extrem gering.“ Auch für die Buchung der Unterkünfte beziehungsweise Campingplätze sei es womöglich bereits zu spät. Das verbreitete Zitat: „Die Europäer haben die Uhr, die Afrikaner die Zeit“, hielt ich in diesem Moment für widerlegt, jedenfalls im Hinblick auf die deutschstämmigen Namibier. Andererseits profitierte ich in der Folge von dieser straffen Organisation in Gestalt einer anderen freundlichen Mitarbeiterin, die mir bei der Buchung der Campingplätze sofort half und wichtige Tipps zur Reiseroute gab.

Das Gespräch mit der uns nun gegenübersitzenden Angestellten ist nicht unangenehm, wenngleich sie keinerlei Gefahr läuft, vom Thema abzuschweifen. Fokussiert arbeitet sie die Punkte ab und weist auf die Haftungsfälle hin, in denen die Versicherung nicht greift: Bei überhöhter Geschwindigkeit etwa. „Außerdem können wir per GPS nachvollziehen, wo Sie sich befinden, wo ein Unfall passiert ist und wie schnell man dort fahren darf." Telegrammartig zählt sie weitere Konstellationen auf, die allesamt mit dem Satz enden: „Dann zahlt die Versicherung auch nicht." Nach der Unterzeichnung einiger mehrseitiger Formulare gibt uns der Mechaniker eine Einweisung am Fahrzeug: Er reiht ebenfalls die Fakten ohne Floskeln oder übertriebene Freundlichkeit aneinander. Parallel erfahren wir, was alles beschädigt werden kann (ohne dass die Versicherung zahlt) und wie wir was wieder selbst richten können. Im Vorfeld habe ich einmal gelesen, man müsse für solch eine Tour ein halber Mechaniker sein. So weit will ich nicht gehen, aber es sind gerade eine Menge Informationen vom Keilriemen über das Getriebe und die Stromkreisläufe bis hin zum Dachzelt. Vielleicht ist auch nur meine Aufnahmefähigkeit infolge Schlafmangels besonders begrenzt.

Ein Paar bringt unterdessen einen gemieteten Geländewagen zurück. Es gibt Ärger wegen Kratzern und einer Macke in der Scheibe. Uns wird ein Klemmbrett mit einer Checkliste überreicht. Wir sollen unseren 4x4 inspizieren und alle Mängel vermerken. Stefan streckt den Rücken durch, hebt das Kinn und notiert mit strengem Blick, während ich versuche, Schäden zu lokalisieren.

„So ähnlich muss sich unser Vater jahrelang gefühlt haben", sagt Stefan. Damit keine Fehlvorstellungen geweckt werden: Unser Vater hat weder für eine Autovermietung gearbeitet noch seinen eigenen Pkw allabendlich mit einer Checkliste inspiziert – wenn etwa eines seiner Kinder ihn ausgeliehen hatte, was ohnehin nur sehr selten vorkam. Nein, er nahm als Ingenieur beim TÜV die Hauptuntersuchung bei Fahrzeugen vor und entschied, ob diese die Plakette bekamen oder wegen gravierender Mängel ein weiteres Mal antreten mussten. Ich bezweifle, dass wir nun einen annähernd strengen Maßstab anlegen wie er in seinem Berufsleben. Ein Mangel fällt uns gleichwohl auf: Die beiden Ersatzreifen sehen sehr mitgenommen aus. Weit würden wir mit ihnen nicht kommen. Unser Mechaniker sieht das anders, der Werkstattleiter wiegelt ebenso ab: „Ist ja klar," beschwichtigt er, „wenn die kaputt gehen, berechnen wir dafür nicht den vollen Preis."

„Das ist klar. Aber auf den Fall wollen wir es gerade nicht ankommen lassen. Wir wollen die Ersatzreifen selbst nicht sofort wieder wechseln müssen", sage ich.

Stefan setzt den Prüferblick auf. Unser Vater wäre stolz auf ihn. Der Werkstattleiter verschwindet und kommt mit einem – nur leicht abgefahrenen – Ersatzreifen zurück. Den zweiten abgefahrenen behalten wir in der Hoffnung, ihn nicht zu brauchen. Insgesamt ist das Auto in einem sehr guten Zustand, und das liegt wohl auch an den eindringlichen Mahnungen, mit denen sie ihre Kunden einnorden.

Wir verlassen leicht aufgeregt den Hof zu unserer Jungfernfahrt in das Abenteuer. Einiges ist ungewohnt, um nicht zu sagen verdreht: Das Steuer ist auf der rechten Seite, unsere Fahrspur und die Schaltung auf der linken. Die Hebel für Blinker beziehungsweise Scheibenwischanlage haben auch die Plätze getauscht, weshalb Stefan bei strahlendem Sonnenschein die Scheibenwischer arbeiten lässt, statt zu blinken. Noch tückischer ist das Rechtsabbiegen oder das Fahren im Kreisverkehr. Automatisch blicken wir nach links, die Autos kommen aber von rechts. Bei der Vielzahl an Umstellungen biegt Stefan falsch ab. Anstatt auf dem Parkplatz eines Supermarktes stehen wir in einer verlassenen Sackgasse. Wir sammeln uns, richten uns neu aus und finden über einige Umwege zum „Superspar". Hier sind wir wieder in einem vertrauten Umfeld mit Anreicherungen: In dem vor allem von weißen Kunden aufgesuchten Einkaufsmarkt findet man neben Produkten, die im deutschen Fernsehen beworben werden, eine bemerkenswert breite Auswahl an Broten, Kuchen, Torten (einschließlich „Schwarzwälder Kirsch") und Müslisorten. Hinzu kommen namibische Spezialitäten wie Boerewors, Biltong oder Steaks aus Oryxantilopen- beziehungsweise Zebrafleisch. Und: Die Portionen sind teilweise auffallend groß. Kenne ich aus Würzburg vor allem Kartons mit sechs oder zehn Eiern, gibt es hier auch 18-Stück-Einheiten oder, wie Stefan gerade strahlend demonstriert: 54 Stück. Ich kann Stefan gerade noch von der kleineren Einheit überzeugen, aber er bleibt im Kaufrausch. Einerseits bin ich mir nicht sicher, wer das alles in den nächsten zwei Wochen essen soll, andererseits fühle ich die Zeit im Nacken. Es ist mittlerweile Mittag, die Sonne geht hier schnell unter, wir haben über 350 Kilometer vor uns und sollen laut Autovermietung keinesfalls in der Dunkelheit fahren. Allein die Gefahr, mit Tieren zusammenzustoßen, wachse dann beträchtlich – ebenso wie die Gefahr, dass dann die Versicherung nicht mehr zahlt. Beharrlich schiebe ich unseren großen, mittlerweile gut gefüllten Einkaufswagen Richtung Ausgang und hoffe, dass auf dem restlichen Weg nicht weitere Spezialitäten Begeisterung bei meinem Bruder entfachen. An der Kasse wird sehr schnell klar, dass wir den Inhalt mit den dort befindlichen Plastiktüten niemals zum Auto bringen können und wollen. Stefan fragt die Kassiererin nach einem Korb. Sie überlegt eine Weile, verlässt den Platz und winkt uns hinterher. Offenbar möchte sie uns etwas zeigen. Wir lassen den Einkaufswagen zurück und laufen ihr durch lange Reihen nach. Sie bleibt stehen, deutet auf ein kleines Körbchen. Nein, das reicht nicht. Sie geht mit uns aus der Lebensmittelabteilung, schreitet wieder lange Gänge ab bis zur Haushaltswarenabteilung. Ich überlege, was es in Deutschland auslösen würde, wenn eine Kassiererin ihre Kunden so unbekümmert begleiten und vor dem Regal freundlich beraten würde. Tatsächlich finden wir einen großen Wäschekorb, der unsere Einkäufe größtenteils aufnehmen könnte. Fröhlich plaudernd schlendert sie mit uns zur Kasse zurück. Sie scannt bedächtig die Waren. Der Satz von der Zeit, die die Afrikaner haben, kommt mir wieder in den Sinn. Kein anderer Kunde beschwert sich, wobei es weitere Kassen gibt, an denen sich Warteschlangen gebildet haben. Draußen füllen wir den Kühlschrank des Geländewagens und verstauen den Korb zwischen Gaskocher, Campingstuhl und Geschirrkiste. Jetzt kann es losgehen.

Hochmotiviert fahren wir los und wählen sofort eine falsche Abfahrt. Mit einem großen Stadtplan und leichter Anspannung navigieren wir durch ein touristisch eher uninteressantes Stadtviertel, in dem zur Absicherung einzelner Anwesen an Stacheldraht nicht gespart wurde. Endlich finden wir die Straße Richtung Rehoboth. Stefan beschleunigt. Sogleich beginnt unser Auto zu schaukeln wie ein Wüstenschiff. Der Aufbau durch das Dachzelt bedingt einen höheren Schwerpunkt. Mein Bruder nimmt langsam Gas weg. Nach etwa zehn Kilometer erhebt sich links, zwischen zwei Hügeln der Heldenacker, eine über 730 Hektar große, dem Unabhängigkeitskampf gewidmete Anlage. Über 60 Millionen N$ soll der Bau im Nirgendwo mit einem 34 Meter hohen, marmorverkleideten Obelisken, einem großen, stolz marschierenden Bronzesoldaten und 5.000 meist unbenutzten Sitzplätzen gekostet haben. Gebaut wurde er von dem nordkoreanischen Unternehmen Mansudai Overseas Projects, das sich auf kommunistische Prachtbauten spezialisiert hat. In diesem Zusammenhang lese ich in Fabian von Posers „Reportage Namibia“, dass Namibia Großaufträge an chinesische Unternehmen vergibt, die wiederum von nordkoreanischen Leiharbeitsfirmen ausgeführt werden. Im Gegenzug zeigt (nicht nur) China großes Interesse an Namibias Rohstoffen wie Uran. Dafür bietet der Acker verstorbenen Helden in über 170 (noch nicht vollständig belegten) Grabstätten aus schwarzem Marmor ausreichend Platz.

Wir fahren weiter auf der B 1. Am Straßenrand warnen Schilder vor springenden Antilopen. Tatsächlich sehen wir aber vor allem fressende Warzenschweine, patrouillierende Pavianhorden und dünne, grasende Kühe. Nach einer guten Stunde erreichen wir Rehoboth, das Zentrum der Baster, die sich hier um 1870 ansiedelten. Die Baster sind Nachfahren weißer südafrikanischer Männer und Namafrauen. Weder den Weißen noch den Schwarzen zugehörig blieben sie unter sich und entwickelten eigene soziokulturelle Strukturen.

Wir verlassen die B 1 und damit auch den asphaltierten Untergrund. „Jetzt sind wir in Afrika!“ Stefan freut sich, er nimmt den Fuß kaum vom Gas, der Nissan schlittert über eine staubige Schotterpiste. Nach einer halben Stunde braucht mein Bruder eine Pause. Ich setze mich ans Steuer und spüre nun noch deutlicher, wie der Dachaufbau das Auto schwanken lässt, vor allem wenn ich schneller fahre oder Schlaglöchern ausweiche. Die Worte der Autovermietung zur vollen Haftung habe ich im Ohr und die Unfallstatistik Namibias vor Augen: Es ist das Land mit den meisten tödlichen Verkehrsunfällen pro Einwohner. Typische Unfälle – so die Erläuterung zu der Statistik – seien „sich überschlagende Fahrzeuge mit hohem Schwerpunkt beziehungsweise nicht an die Straßenverhältnisse angepasste Geschwindigkeit“. Die Straße hat tiefe Querrillen, das sogenannte Wellblech. Ich bleibe meistens in der Mitte, wo die Rillen nicht ganz so ausgeprägt sind. Schneller als 70 km/h kann man hier nicht fahren, denke ich und werde im nächsten Moment widerlegt, als uns ein Geländewagen hupend am rechten Rand überholt und uns in Staub einhüllt. Ich lasse den Abstand größer werden, bis wir den Straßenverlauf wieder gut überblicken können. Kurz darauf sehe ich eine hohe Staubwolke auf uns zurasen. Entgegen dem ersten Anschein ist es kein Tornado, sondern ein voll beladener Pick-up. Und die Ladung besteht nicht etwa aus gut gesichertem Baumaterial: Dicht gedrängt stehen die Passagiere ohne jede Sicherung hinter dem Fahrer und werden vom Fahrtwind heftig geföhnt. Sofern ihre Augen nicht zu sehr tränen, haben sie einen wunderbaren Ausblick: Das flache Land reicht weiter als man schauen kann, vereinzelt erheben sich rotbraune Felsen wie Skulpturen, die Wind und Sand geschliffen haben. Diese Schönheit können wir fortan fast durchgehend bewundern. Nur noch selten kommen – ausnahmslos weiße – Fahrzeuge entgegen.

Ein Vorteil der hier bevorzugten Fahrzeugfarbe ist sicherlich, dass der Staub auf dem Lack weniger auffällt. Und wegen der Trockenheit ist es sehr staubig. Wie wir bei der Autovermietung erfuhren, hat es tatsächlich im Dezember das letzte Mal geregnet, allerdings im Dezember vor eineinhalb Jahren. Immerhin laufen wir nicht Gefahr eines weiteren Haftungsfalls, für den die Versicherung nicht greift: das unvorsichtige Durchqueren von Sturzbächen. Wir überqueren stattdessen nun etwas ganz anderes, nämlich den „Wendekreis des Steinbocks“, oder wie es auf einem der häufigsten Fotomotive Namibias steht, den „Tropic of capricorn“. Beides klingt in meinen Ohren sehr geheimnisvoll, „Tropic of capricorn“ vielleicht sogar noch ein bisschen mehr, die lateinische Bezeichnung tropicus capricorni wieder etwas weniger. Wenn man nicht weiß, was sich dahinter verbirgt, mag sie – wie auch das Wort „Tropen“ – mehr Zauber vorgeben, als an nüchternen Fakten dahinter steht: Die Wendekreise sind die beiden Breitenkreise, auf denen die Sonne am Mittag des Tages der jeweiligen Sonnenwende im Zenit steht. Der Gürtel zwischen nördlichem und südlichem Wendekreis sind die Tropen. Da die Sonne bei Benennung der Sternbilder zur (im Norden winterlichen) Sonnenwende im Zeichen des Steinbocks stand, wird der südliche Wendekreis nach ihm bezeichnet.

Zurück auf der weiten, trockenen Erde passieren wir Klein-Aub. Anders als Stefan vermutete, gibt es in dem Ort keine Tankstelle, sondern nur „Kunzes Farmer Market“ und eine verlassene Kirche. Ich habe im Vorfeld gelesen, man solle jede sich bietende Gelegenheit zum Tanken nutzen, da nicht alle Tankstellen immer Treibstoff hätten. Andererseits sind wir mit einem 145-Liter-Tank ausgestattet. Bis Sesriem kommen wir auf jeden Fall. Wir biegen auf die C 24, die Piste wird noch schmaler.

Stefan knabbert an einem Streifen Biltong, das als Reiseproviant hier eine lange Tradition hat. Das luftgetrocknete Rind- oder Wildfleisch ist voll getrocknet bis zu zwei Jahren haltbar. Es soll mitverantwortlich für den Sieg der Buren im Ersten Krieg über die – militärisch weit überlegenen – Briten gewesen sein, da es den Kapholländern als Verpflegung für lange Erkundungsmärsche zur Verfügung stand. Auch bei dem „Großen Treck“, mit dem die Buren ab 1835 die Kapprovinz verließen, um unabhängige Staaten zu gründen, spielte die Verpflegung mit Biltong eine erhebliche Rolle. Die Buren verbreiteten im südlichen Afrika aber nicht nur das Biltong und die Boerewors (Afrikaans für Bauernwurst), sondern auch die zugehörige Sprache: Heute wird Afrikaans von mehr Dunkelhäutigen als Weißen gesprochen, in Namibia ist es eine Verkehrssprache zwischen verschiedenen Bevölkerungsgruppen geworden.

„Schmeckt gar nicht schlecht“, sagt Stefan, „das würde sich bei dem hohen Protein- und geringen Fettgehalt auch als Diätnahrung eignen.“

Ja, der würzige Fleischgeschmack hat etwas, nach einer kleinen Packung habe ich allerdings genug. Hätte ich nichts anderes im Gepäck, würde ich auf jeden Fall Gewicht verlieren. So verliere ich gerade nur ein bisschen die Geduld. War lange kein Fahrzeug zu sehen, kriecht nun ein Camper vor uns. Wir haben ausgiebig Zeit, die großen Nester von Webervögeln zu bewundern, die diese kunstvoll auf Freileitungsmasten bauen. Die Ermöglichung dieser Heimstatt ist die einzig verbliebene Funktion der Masten, denn die Stromleitungen sind größtenteils gerissen. Ich spüre die Müdigkeit und die Sonne, die sticht. Wir müssen Abstand halten, um nicht vollkommen eingestaubt zu werden, Überholen wäre auf der engen, kurvenreichen Strecke zu gefährlich (und damit kein Versicherungsfall).

Endlich weitet sich die Straße wieder. Wie auf einer breiten Skipiste ziehen wir vorbei. In einer langen Geraden hebt und senkt sich unser Nissan über die Hügel. Wir überqueren ausgetrocknete Bachläufe, passieren Paviane, Antilopen und die Straße nach „Maltahöhe".
„Seltsamer Name", sagt Stefan. „Was hat eine Mittelmeerinsel mit einem Ort in der Wüste zu tun?" Zumal Malta nicht einmal eine besondere Erhebung hat. Die Antwort lässt sich knapp zusammenfassen: Nichts. Wem das zu knapp ist: Der damalige deutsche Bezirkshauptmann dachte nicht an die Insel, sondern an seine Frau mit diesem Vornamen. Und die Ehefrau eines anderen Deutschen war für ein außergewöhnliches Bauwerk, das 80 km weiter errichtet wurde, entscheidend. Sie gab zwar nicht ihren Vornamen, dafür eine ganze Menge Geld. Der sächsische Offizier Hans-Heinrich von Wolf, genannt „der tolle Baron", kam 1904 mit der Schutztruppe nach Südwest. Es gefiel ihm so gut, dass er mit den Dollars seiner reichen amerikanischen Gattin eine Farm nach der anderen erwarb. Weil er damit noch nicht zufrieden war, beauftragte er den deutschen Burgen-Architekten Wilhelm Sander, der sich später umfassend in Windhoek verwirklichte, mit dem Bau eines „Herrenhauses". Duwisib Castle als ein solches zu bezeichnen, wäre gelinde gesagt eine starke Untertreibung. Es ist eine mittelalterliche Festung, die sich mit ihren Wehrtürmen, Zinnen und roten Mauern aus der Wüste erhebt. Mit Ochsenkarren wurde das aus Deutschland herbeigeschaffte Material und Mobiliar (unter anderem für einen Rittersaal und ein Biedermeierzimmer) 600 Kilometer durch die namibische Wüste gezogen. Ein paar Jahre nach der Fertigstellung kehrte von Wolf nach Deutschland zurück, um im Ersten Weltkrieg mitzukämpfen, wo er 1916 fiel. Das Schloss in der Wüste ist mittlerweile ein nationales Denkmal.
Nach einer Theorie ist von Wolf zudem mitverantwortlich für ein lebendiges Phänomen: Die Wüstenpferde bei Garub. Bereits der Begriff ist paradox, da Pferde nicht tagelang auf Wasser verzichten können und in der Wüste nicht ihre typische Nahrung finden. In der lebensfeindlichen Umgebung mit teilweise über 45 Grad kommt ihnen ein Bohrloch zu Gute, das nach Entdeckung einer Quelle 1905 bei Garub gegraben wurde. Außerdem hatten sie viele Jahre Ruhe vor den Menschen. Nach dem Fund von Diamanten wurden riesige

Sperrgebiete im Süden des Landes ausgewiesen, um den Strom unzähliger Diamantensucher einzudämmen. In diesen Sperrgebieten passten sich die Pferde an ihre Umwelt an. Eindeutig geklärt ist die Herkunft der Pferde nicht. Und hier kommt der „tolle Baron“ ins Spiel. Denn dieser war nicht nur Bauherr und Soldat, sondern auch Pferdezüchter. Nach einer Überlieferung soll seine Frau, nachdem sie von seinem Tod erfahren hat, die Tore geöffnet und die Pferde in die Freiheit gelassen haben. Einen solche Szene könnte man sich wunderbar in einem Film vorstellen: Die Amerikanerin öffnet tränenüberströmt in einem Gewittersturm das Gatter, hunderte Pferde zögern kurz, dann Wiehern, wilde Hufschläge, ein Blitz. Die Frau schaut lachend und weinend zugleich den stolzen Tieren nach, wie sie in die lebensfeindliche, dunkle, aber unbegrenzte Freiheit galoppieren. Danach wird ein kurzer Text eingeblendet, der mit den Worten endet: „Dort leben sie noch immer.“

Für Emotionen wäre damit gesorgt, allerdings würde sich eine solche Geschichte an ein paar harten Fakten stoßen: Die Ehefrau war, als ihr Mann starb, nicht in Südwestafrika. Duwisib Castle besuchte sie nicht mehr. Es regnet dort so gut wie nie. Schließlich setzt sich nach neueren Erkenntnissen die Herde aus versprengten Tieren der südafrikanischen Armee und der deutschen Schutztruppe zusammen, die sich – anders als die Kriegsparteien – sehr gut verstanden, als die Südafrikaner an der Seite Großbritanniens ab September 1914 die deutsche Kolonie besetzten.

Wir steuern indessen durch eine gewaltige, am Horizont durch die Naukluftberge begrenzte Ebene auf ein weiteres Phänomen der Namib zu: Unter einem Windrad verteilen sich neben Kakteen alte Autoskelette im Wüstensand, dahinter warten eine alte Tankstelle, eine Bäckerei und ein Café auf Kunden. Dominik Prantl beschreibt Solitaire als mögliche Kulisse für dystopische Filme mit Potenzial für einen Quentin Tarantino-Klassiker. Das kann ich mir sehr gut vorstellen. Bevor ich gedanklich wieder in imaginäre Szenen abgleite, kümmere ich mich zunächst um das „Schütteln des Autos“. So wurde es von dem Mechaniker der Fahrzeugvermietung bezeichnet. Damit die Luftblasen, die sich bei der Befüllung unserer zwei Tanks bilden, schneller entweichen, ziehe beziehungsweise drücke ich von der Beifahrerseite aus an der Dachreling. Nach dieser vom Tankwart mit einem breiten Lächeln quittierten Übung staune ich über den wunderlichen Ort und die geniale Idee, mitten im Nirgendwo eine Tankstelle und eine Bäckerei zu eröffnen: Den Reisenden bleibt nichts anderes übrig, als hier zu rasten und zu tanken. So wird es auch in einem Auszug aus Ton van der Lees Buch „Solitaire“ beschrieben, der in der Bäckerei aushängt. Nach dem niederländischen Schriftsteller, der an diesem Ort eine Weile lebte, ist das Café benannt. Die Bäckerei betrieb ab Mitte der 90er Jahre der Abenteurer Moose McGregor, der dabei unter anderem seinen mittlerweile wohl international bekannten Streuselapfelkuchen kreierte. Moose soll in Sambia als Sohn einer deutschen Mutter und eines schottischen Vaters aufgewachsen sein. Über den mittlerweile verstorbenen McGregor und dessen Schwager Peter, den Besitzer „Solitaires und der umliegenden Wüste“, schreibt van der Lee: „Ihre einzige Gesellschaft sind die Schakale, die in der Nacht heulen. Peters Frau ist mit den Kindern abgehauen. Sie lebt in der Hauptstadt, wo sie ein kleines Geschäft betreibt. Nur an Weihnachten kommt sie vorbei. Moose hatte nie eine Frau. Er ist zu fett und trinkt zu viel.“ Moose erzählt van der Lee von einem Zebrapfad in der Nähe. Nach dem dritten Bier nickt er und sagt: „Ich liebe die Namib. Ich werde hier nie weggehen.“ Neben dem Auszug hängt ein Foto, auf dem Moose seine beeindruckenden Unterarme zeigt.

Die Bäckerei ist eher funktional eingerichtet. Ein Schild weist auf eine „D“-Straße hin, ein anderes auf die „Suidwes-Afrikaanse Polisie“ und ein weiteres darauf, dass gearbeitet wird: „Work in Process“. Der letzte Hinweis ist keineswegs überflüssig. Sechs Angestellte unterhalten sich in einem kleinen Nebenraum sehr angeregt. Obwohl wir auf der Straße fast keine Autos sahen, ist die Bäckerei plötzlich voll. Die sich inzwischen gebildete Warteschlange beeindruckt die plaudernden Einheimischen nicht ansatzweise. Nur der Kollege an der Kasse nimmt gemächlich die Bestellungen entgegen und gibt sie gut gelaunt weiter. Das ist alles nicht unangenehm. In Ruhe kann ich die Buchauszüge lesen, während wir auf unsere Cappuccinos warten. Den Apfelstreuselkuchen hebe ich mir für die Rückkehr von Sesriem auf.

Auf der Terrasse sitzend genießen wir den Blick auf die Kakteen, das Windrad, die Autoskelette. Ich sehe die Vorfreude der anderen

Reisenden, die sich auf das Café zubewegen und kann sie gut verstehen. Der Ort ist ruhig, frei und lebendig zugleich.
„Wir haben ein gedrängtes Programm", sagt Stefan, als er die Karte studiert, „Sesriem, Swakopmund, Spitzkoppe, Okahandja – in einer Woche." Er hat mir die Planung überlassen und wird sich gerade der Entfernungen bewusst. „Das ist richtig", antworte ich, trinke und atme den Duft ein, den Blick weiter auf die Wüste gerichtet. Den Fish River Canyon und die Stadt Lüderitz, das koloniale Relikt im Süden des Landes, habe ich ebenso ausgenommen wie den Caprivizipfel im Norden, die Viktoriafälle oder einen Abstecher nach Botswana. Es ist immer ein Kompromiss.
Wir stehen auf, überprüfen kurz die Reifen und den Stauraum. Alles sieht gut aus, am meisten freuen wir uns über eine Vorrichtung, die uns bis heute Vormittag gänzlich unbekannt war: Die Staubklappe. Der Mechaniker gab uns den dringenden Rat, das kleine Türchen an der linken Seite des Stauraums zu öffnen. Nur so werde der Staub wieder aus dem Fahrzeug gesogen. Es klang für uns paradox, dass man eine Klappe öffnet, um weniger Staub im Auto zu haben, aber wir vertrauten ihm. Zu Recht: Obwohl wir durch einige Staubwolken gefahren sind, hat sich kaum etwas abgesetzt.
Die Sonne senkt sich schnell. Rechts erheben sich rotbraune Hügel mit tiefen Kerben wie gezackte Drachenrücken. Die Rillen auf unserer Fahrbahn werden ebenfalls tiefer und gewürzt durch Schlaglöcher. Der Nissan bekommt ein paar heftige Stöße.
„Die Weinflaschen!", ruft Stefan.
„Das Obst", sage ich.
Wir schauen uns an: „Die Eier!"
Zum Glück haben wir nur den Karton mit 18 Stück gekauft. Die Straße wird kurz darauf ruhiger, sandiger. Am Horizont lösen Dünen die Granitfelsen ab. Kurz vor Sonnenuntergang erreichen wir Sesriem – sechs Riemen waren erforderlich, um das Wasser hier aus dem Brunnen schöpfen zu können. Auf einer Düne sehen wir eine von der Abendsonne angestrahlte Oryxantilope mit ihren langen, geraden, spitz zulaufenden Hörnern ziehen.
Unser Camp ist unaufdringlich in die Umgebung eingepasst. Der Stellplatz befindet sich unter einer hölzernen Pergola, die kleine Dusche und das WC sind in einem sauberen, weißen Häuschen. Bei der

Gestaltung wurde der Natur viel Raum gelassen. Wenige Minuten nach Sonnenuntergang stehen unsere Dachzelte. Mit Stirnlampe decke ich den Campingtisch, Stefan brät auf dem Gaskocher erst die Boerewors, danach das Gemüse. Bedächtig genießen wir unser Abendessen in der dunklen Wüste. Danach schalten wir die Stirnlampen aus, sitzen schweigend nebeneinander und schauen nach oben. Über uns leuchten Sterne in einer Vielzahl und Dichte, wie ich es noch nie gesehen habe. Sie reichen fast bis zum Horizont. Keine Wolke, kein künstliches Licht stört sie. Ein leichter Wind streicht über uns. Sonst ist nichts zu hören. Alles fügt sich wie in einer vollkommenen Komposition zusammen, obwohl wir in einer Gegend sind, für die der Mensch nicht gemacht ist.

„Wenn man bedenkt, welche Mühen und Risiken die Menschen auf sich genommen haben, um früher an solchen Orten zu leben", sage ich irgendwann. „Und zu Hause regt man sich auf, weil der Zug Verspätung hat oder das Internet nicht funktioniert."

„Weil die Wüste alles auf das Wesentliche reduziert", antwortet mein Bruder. „In der Umgebung ging es schon immer ums Überleben."

Ich denke an Henno Martin, der mit seinem Freund Hermann Korn unweit von hier in die Wüste ging, um dem Zweiten Weltkrieg, der Einziehung zum Kriegsdienst beziehungsweise der Inhaftierung durch die Südafrikaner zu entgehen. Zwei Jahre versorgen sie sich selbst, immer in Sorge, gefasst zu werden, zu verhungern oder zu verdursten. Sie jagen, bauen Gemüse an oder freuen sich über eine winzige Menge Honig. Bei allen Rückschlägen, die sie erleiden: Wenn sie nach einer erfolgreichen Jagd, bei der ihnen vor Anspannung die Hände zitterten, oder nach Entdeckung einer Wasserstelle am Abend die Sterne betrachten, fühlen sie, „wie ihre Steinzeitseele zu Hause ist".

Drei

Sossusvlei – Sesriem Canyon

„Eine phantastische Welt nahm uns auf! Gebirge von rotem Sand, in klaren, geschwungenen Linien, mit messerscharfen Graten und tiefen, samtweichen Mulden. In langen Zungen rutschte der Sand unter unseren Tritten und begann wie die Grundseite einer Baßgeige vibrierend zu tönen, bis schließlich die ganze Düne unter uns brummte und sang. Mühsam gingen wir durch den losen Sand, freuten uns über die hartgepackten Luvhänge und versanken an den Leeseiten bis zu den Knien im heißen Sand, der unsere Schuhe wie Blei beschwerte. Barfuß konnten wir nicht gehen, dafür war der Sand zu heiß."

Henno Martin

Es ist kalt. Ich spüre die Kälte auf meinem Gesicht. Der Rest meines Körpers wird von meinem Schlafsack, der mir schon auf dem Ararat in 4.000 Meter Höhe gute Dienste erwies, warm gehalten. Mir reicht deshalb ein T-Shirt, Stefan musste in der Nacht die Merino-Unterwäsche anziehen. In der Nacht hörte ich Tiere heulen und bellen, ohne die Geräusche im Halbschlaf zuordnen zu können. Ich dachte an die medial aufbereitenden Vorfälle der letzten 20 Jahre: Hier soll eine Tüpfelhyäne schlafende Camper attackiert, im Kuiseb-Canyon ein Leopard einen Touristen aus dem Wohnwagen gezogen haben. Im Dachzelt fühle ich mich sicher. Gerade die Seltenheit solcher Unfälle spricht dafür, dass rein rational betrachtet keine Gefahr besteht, wenn ich die Tiere nicht einlade. Gleichwohl war mir, als ich immer wieder aufwachte, sofort bewusst, dass ich in einer ganz anderen Umgebung bin.

Im Dunkeln steige ich die Leiter hinunter. Ich höre, wie Stefan den Reißverschluss seines Zeltes öffnet. Wir sprechen wenig. Die Schale in den kalten Händen haltend esse ich schweigend mein Müsli und schaue in die dunkle Wüste. Dann falten wir konzentriert die Dachzelte zusammen und fahren Richtung Sossusvlei.

Zu unserem Erstaunen ist die Straße geteert. Der Nissan schnurrt darüber hinweg. Die Dünen liegen in einem matten Dunst. Links erhebt sich am Horizont die schwarze Silhouette der Naukluftberge. Rechts zieht weichgezeichnet eine Oryxantilope einsam am Fuße einer Düne. Wir folgen einer Geraden, deren Ende sich irgendwo am Horizont verläuft. Im Rückspiegel leuchtet auf einmal eine winzige Ecke der Sonne. Sofort halten wir an. Nachdem das letzte Brummen des Motors verklungen ist, herrscht absolute Stille. Ruhig steigt die Sonne und färbt die Dünen rot. Je nach Blickrichtung und Sonnenstand ändern sich die Farben, von dunklen Flächen auf der der Sonne abgewandten Seite über verschiedene Ockertöne bis hin zu einem Zimtbraun an den angeleuchteten Spitzen der Sandberge.

Wir fahren weiter. Die Farben und Konturen werden kräftiger. Hohe Sichel-, Stern- und Längsdünen werfen lange Schatten. Einsam erheben sie sich im Morgendunst. Nur auf einer sehen wir plötzlich viele Menschen: Die etwa 150 Meter hohe Düne 45 (so genannt, weil sie die 45. ist, wenn man vom Atlantik kommt) zieht Frühaufsteher an, die den Sonnenaufgang auf ihr bewundern wollen. Auf ihrem Grat steigen Besucher wie Ameisen auf und ab. Wir passieren und sind wieder allein auf der Geraden. Am Rand stehen vereinzelt Sträucher – Überlebenskünstler in dieser trockenen Hitze wie die Wüstenpferde oder der Nebeltrinker-Käfer. Ihm genügen, wie bereits sein Name nahelegt, die Wassertröpfchen des Nebels, die er morgens, wenn die Nebelschwaden vom Atlantik ins Landesinnere ziehen, im Kopfstand auffängt und in seinen Mund laufen lässt. Wir nähern uns einer ähnlich großen Herausforderung, bei der es aber gerade um das Gegenteil geht, nämlich darum, nicht stehenzubleiben. Und ich weiß, mein Vorschlag wird Stefan nicht gefallen.

„Wir sollten ab dem 4x4-Parkplatz den Shuttle nehmen."

„Nee!", mein Bruder blickt mich mit halb gespieltem Entsetzen an, als hätte ich ihm verkündet, wir müssten unsere Reise abbrechen. Vom Parkplatz führt nur eine Sandpiste Richtung Sossusvlei. Meine Arbeitskollegin war vor ein paar Jahren mit ihrem Mann hier. Sie fuhren auf eigene Faust weiter, gruben sich prompt im Sand ein und mussten über eine Stunde warten, bis sie aus ihrer misslichen Lage gezogen wurden. Das Problem: Heizt sich der Sand auf, gibt er stärker nach und es wird deutlich schwerer, Big Daddy, die höchste Düne am Ende der Sandpiste zu besteigen. Außerdem soll es im Laufe des Vormittags sehr heiß werden. Ich weiß, Stefan fährt sehr gerne Offroad, aber in der Gesamtabwägung würde ich das zurückstellen.

Widerwillig stimmt er zu. Gemeinsam mit einer spanischen Familie steigen wir in einen offenen Transporter. Zwei Dinge werden schnell deutlich: Der Fahrtwind ist richtig kalt – zu kalt für meine dünne Kapuzenjacke und zu kalt für die 16jährige Tochter des spanischen Paars. Sie klappert mit den Zähnen. Und: Es war gut, den Shuttle zu nehmen, wenngleich die Beförderung nicht unbedingt so verläuft, wie wir es erwartet hätten: Der Fahrer tastet sich keineswegs defensiv über den tiefen Sand. Im Gegenteil scheint er das Gaspedal am liebsten durch den Boden zu drücken. Nur gelegentlich zieht er den Fuß kurz weg, um über tiefe Stellen zu gleiten, die er gut kennt. Anders als der Japaner, der seinen 4x4 bis zur Hälfte der Reifen eingegraben hat. Auf unseren Sitzen hin und her geworfen schießen wir an ihm vorbei. „Okay“, sagt Stefan, „ist besser so.“

In rekordverdächtiger Zeit erreichen wir den Wendeplatz am Sossusvlei. Sossus bedeutet in der Sprache der Nama „Blinder Fluss“. Der Tsauchab aus dem Gebirge versandet hier 50 Kilometer vor dem Atlantik und hinterlässt eine Salz-Ton-Pfanne, das Vlei. An dieses grenzt eine bis zu 380 Meter hohe Sterndüne, Big Daddy. Ein Arm der Düne umgibt das Dead Vlei. Teilweise werden die hiesigen Dünen als die höchsten der Welt gerühmt, wobei man ausgiebig darüber sinnieren kann, welche Höhe entscheidend sein soll: Die Höhe über dem Meeresspiegel? Die Höhe ab dem Fuß beziehungsweise Vlei? Wie auch immer: Es ist ein mächtiger Sandberg, der sich vor uns erhebt.

„Es ist ungewohnt, nur mit einer Wasserflasche in der Hand einen Berg zu besteigen“, sagt Stefan. Es ist eine extreme Variante des Alpinstils. Die Vorteile spürt er schon bald: Nach und nach zieht er seine dicke Jacke, sein langes Shirt und die Merinowäsche aus. Zusätzliches Gepäck würde er jetzt nur ungern tragen.

Der Sand wirft ein kräftiges Ockergelb zurück, die Sonne sticht. Ich versuche, die Spuren zu treffen, um nicht zu tief einzusinken. Rechts unter mir breitet sich das Deadvlei aus: Eine weiße, rissige Tonkruste, auf der vereinzelte, schwarze Kameldornbäume stehen. Über uns leuchtet tiefblauer Himmel. Das Farbenspiel ist unwirklich schön, fast überzeichnet. Der Grat steigt steil an, meine Füße rutschen abwechselnd nach links und rechts ab. Ein solches Gefälle braucht die Dancing White Lady, eine weitere Überlebenskünstlerin. Die weiße Spinne gräbt sich im Sand ein. Findet ihre Fressfeindin, eine Wespe, den Spinnentunnel, hat sie nur eine Chance. Sie muss den Überraschungseffekt ausnutzen, an der Angreiferin vorbeischießen, ihre Beine zu einem Rad verbinden (daher auch ihr weiterer Name „Radspinne“) und die steile Düne mit über 40 Umdrehungen pro Sekunde hinunterrasen.

Von einer solchen Geschwindigkeit sind wir weit entfernt. Dafür kann ich einen entgegenkommenden Japaner überraschen. Als er stehenbleibt, um mich vorbeizulassen, entgegne ich ihm: „Konnichiwa! Arigato gozaimasu!“

Verblüfft weicht er einen Schritt zurück, rutscht, kann aber einen Abstieg nach Art der White Lady noch vermeiden. Er lacht und fängt an, seine Freude auf Japanisch kundzutun. Ich lächle, nicke und erwidere – wie zu meiner Zeit in Japan – auf Englisch, dass meine Japanischkenntnisse äußerst begrenzt seien. Wie damals folgt ein kurzer Austausch auf Englisch wie schön das Wetter und wie herrlich die Umgebung sei. Verbeugend verabschieden wir uns. Kurz darauf endet die Spur, der ich bislang gefolgt bin. Auf dem Gipfel war der Japaner demnach nicht, jedenfalls nicht auf diesem Weg. Bei jedem weiteren Schritt rutsche ich sofort einen halben zurück. „Ultrabergsteigen!", ruft Stefan hinter mir. Die Luft für ganze Sätze spart er sich. Ich nehme bei dem weiteren Anstieg meine Hände zu Hilfe und stehe bald auf dem Grat des von links kommenden Arms der Sterndüne. Hier sind wieder Spuren: Es hätte einen einfacheren Weg gegeben. Der Wind kühlt, der letzte Anstieg fällt uns leichter. Ein paar Minuten später haben wir es geschafft. Geschwungene Sandberge erheben sich bis zum Horizont. Und auch das ist nur ein winziger Ausschnitt der Wüste: Die Namib reicht vom Grenzfluss Oranje im Süden des Landes über 2.000 Kilometer Küstenlinie bis nach Angola im Norden. In der Sprache der Nama und Damara bedeutet Namib „weiter Platz" oder „leerer Platz". Während wir unbewegt das Sandmeer bestaunen, schafft der Wind zu meinen Füßen eine kleine weitere Düne um meine Wasserflasche. Unaufhörlich treibt er den Sand und kreiert neue Formen.

„Über den Grat oder direkt?" Das ist für meinen Bruder eine rhetorische Frage. Wir stürzen in großen Sätzen den steilen Hang hinab Richtung Dead Vlei. In Rücklage landen wir immer auf der Ferse, rutschen etwa einen Meter, bis wir den nächsten Satz machen. Es erinnert ein bisschen an Tiefschneeskifahren. Knarzt dort die zusammengepresste Luft, ist es hier ein tiefes Brummen. Stefan stoppt: „Wir sollten es barfuß versuchen!" Wir binden die Schuhe zusammen. Über den weichenden, singenden Sand fliegen wir nach unten und laufen auf der flachen, harten Pfanne aus. Wir stehen im Dead Vlei. Farben und Umgebung erscheinen nun noch unwirklicher: Die weiße Kruste wird eingefasst von rötlich-gelben Dünen. Big Daddy ragt gleich einer nicht enden wollenden Wand empor. Die schwarzen Kameldornbäume auf dem etwa einen halben Quadratkilometer großen Vlei recken ihre Überreste wie spitze Finger Richtung Himmel. Dabei sind sie seit 600 Jahren tot. Die extreme Trockenheit lässt sie nicht verrotten. Zuvor führte der Tsauchab hier zumindest gelegentlich Wasser und ließ sie bis zu 250 Jahre lang wachsen. Wir setzen uns unter einen Baum und schauen lange ins Vlei. Obwohl gerade Hochsaison ist, sehen wir nur wenige Menschen.

Am Ende des Vlei, wo Shuttles die Reisenden bringen und abholen, herrscht dagegen Betriebsamkeit. Abermals zollen wir dem Fahrer Respekt. Auch der Rücktransport gleicht einem wilden Rodeoritt, den er einmal kurz unterbricht: Als ein eingegrabenes Fahrzeug den Weg verengt, hält er an, um es anzuschieben. Tatsächlich kommt das Auto mit seiner Hilfe frei. Unser Fahrer springt wieder auf seinen Sitz und lässt den Motor aufjaulen. Jetzt gilt es, die Minuten für die Rettungsaktion aufzuholen. Dünen und Büsche fliegen vorbei. Dieser Afrikaner hat keine Zeit.

Fast zeitgleich kommen die Spanier, die wir heute Morgen trafen, zurück. Die ganze Familie strahlt. „Es muy hermoso aqui!“, ruft mir die 16-jährige zu. Dass die Wüste sie so begeistert, finde ich fast genauso schön.

Auf der geteerten Straße gleiten wir zurück Richtung Sesriem. Die Sonne lässt die Dünen in einem kräftigen Rot leuchten. Im Camp laden uns offene Türen in ein Restaurant mit einem hohen Holzdach ein. Wir nehmen am Tresen auf Barhockern Platz. Im Zentrum der Bar hängt ein Flachbildschirm, auf dem die „Idols SA Cape Town Auditions“ übertragen werden – das südafrikanische Pendant zu „DSDS“. Die sehr junge Kandidatin singt über Liebe und Verzweiflung. Mit schmerzverzerrtem Gesicht trifft sie nicht jeden Ton. „Okay, okay, okay!“, fährt der Juror dazwischen, sie hätten genug gehört. Geknickt verlässt die Interpretin den Raum, um sich kurz darauf vor der Kamera zu echauffieren: Das sei einfach nicht fair gewesen.

Die nächste Kandidatin spricht unfassbar schnell. Ich verstehe nicht alles, aber: Wenn sie unter der Dusche singt, explodiert ihr Talent. Die Jurymitglieder werden nur „yes!“ sagen können. Außerdem denkt die Künstlerin voraus: Damit die bunt gekleideten Juroren nach der Darbietung die Begeisterung gebührend zum Ausdruck bringen können, verteilt sie vorher vier Vuvuzelas. Sie will „Waka

waka" von Shakira auf eine neue Stufe heben – was ihr durchaus gelingt. Hätte sie sich für ein mir gänzlich unbekanntes Lied entschieden, etwa für eine alte Weise eines verschollenen Wüstenstammes, wäre in mir vielleicht kurz der Gedanke aufgeblitzt, dass das Liedgut so entäußert werden muss. Ihre eigenwillige Interpretation des WM-Songs ruft bei einem Juror eine Reaktion hervor, mit der sie sicher nicht gerechnet hat: Er nimmt tatsächlich die Vuvuzela und trompetet, allerdings schon während ihrer Performance. Die anderen stimmen in das Getröte ein, werfen Konfetti und verlassen den Raum. Zugegeben: Sie hat kaum einen Ton getroffen. Hätte sie den Namen des Liedes verschwiegen, wäre mir eine Zuordnung unmöglich gewesen. Aber ich glaube, nicht einmal Dieter Bohlen hätte so gemein reagiert wie die vier. Unterdessen kräht sie alleingelassen tapfer weiter, bis ein Techniker sie abholt.

„Das habe ich nicht erwartet", schluchzt sie fassungslos.

„Hast du wirklich ein ‚Ja' erwartet?", fragt er sie, deutet stirnrunzelnd ein Kopfschütteln an und führt sie zu einer schweren Tür hinaus. Plötzlich dreht sie um. Sie will zurück in den Vortragsraum. Der Techniker wird deutlich: Sie muss jetzt gehen. Er schließt die Tür. Sie schlägt wütend dagegen. Danach klagt sie die Jury vor der Kamera an: Das sei wirklich unfair, sie habe doch nur eine Chance haben wollen, berühmt zu werden.

Ich bin mir nicht ganz sicher, inwieweit die Reaktion der vorgeführten Kandidatin Teil der Show ist. Falls sie ihre Emotionen gespielt hat, ist sie zumindest in dem Bereich talentiert. Talentiert und über die namibische Musikszene hinaus bekannt ist EES. Eric Sell, so sein bürgerlicher Name, lebt mittlerweile in Köln und macht „NAM Flava Music", also namibisch beeinflusste Musik. Die Texte und Clips zu seinen Liedern, die ich hörte, drehten sich um Rausfahren in die Wüste, „Sundowner" trinken und Braai (was auf Afrikaans „braten" heißt, hier vor allem aber grillen meint). Das alles transportiert gute Laune und eine entspannte Stimmung, wie auch der hervorragende Cappuccino, der vor mir steht. Stefan schaut sich die Fotos von heute auf seinem Smartphone an. „Die Farben sind unglaublich. Was für ein Tag!"

Und er ist noch nicht zu Ende. Nur ein paar Kilometer weiter befindet sich der Sesriem-Canyon, eine 30 Meter tiefe Schlucht, die der

Tsauchab gegraben hat. Wir steigen hinab, blicken durch ausgehöhlte Kalksteinfelsen. Ist der Boden vor dem Canyon dunkel, aufgeheizt und karg, erscheinen die vielschichtigen Wände von unten freundlich und hell. Im Schatten wachsen grüne Sträucher, surren Fliegen und zwitschern Vögel. Im hinteren Teil der ein Kilometer langen Schlucht ist es angenehm kühl, die Wände stehen enger beieinander, wir spüren einen frischen Luftzug. Unzählige Steine reflektieren das Licht in verschiedenen Farben. Im Schatten eines ovalen Steinblocks wächst ein kleines Bäumchen. Der Weg verengt sich weiter, die Felsen verdecken die Sonne. Es ist deutlich kühler, der trockene Boden geht in dunklen Morrast über. Die Exkremente an den Steinwänden beweisen, dass hier einige Vögel leben. Wir klettern weiter und finden einen im Wasser stehenden Felsblock.

„Man kann sich vorstellen, dass jemand, der fliehen muss, in so einer Umgebung eine Weile überleben kann." Stefan spielt auf Henno Martin und Herrmann Korn an, die zwei Jahre im Kuiseb-Canyon überlebten. Und ich denke an América, die Protagonistin aus T.C. Boyles gleichnamigen Roman, die zusammen mit ihrem Verlobten Cándido aus Mexiko nach Kalifornien flieht, wo sie nahe Los Angeles versuchen, in einem Canyon zu überleben. Sie leiden darunter, der Natur ausgesetzt zu sein. Die Geologen Korn und Martin haben sich auf die Wildnis vorbereitet und eignen sich mit Begeisterung Fertigkeiten für das Leben in der Natur an. Ihr Fokus ist darauf gerichtet, wie sie Jagderfolge erzielen, Fleisch konservieren, einen Garten anlegen oder Honig finden können. Sobald sie geistigen Leerlauf haben, errichten sie eine zusätzliche Mauer, erkunden und kartografieren ihre Umgebung. América und Cándido fliehen, um ihre wirtschaftliche Situation zu verbessern. Sie haben von vornherein vor Augen, was sie wollen: Ein Haus, ein Auto, einen Vorgarten. Dabei spielt ihre Geschichte in den 90ern, als das Internet noch keine schönen Bilder von Dingen, die man angeblich „haben muss", in die letzte Einöde brachte.

Auch Korn und Martin kämpfen hart mit sich und den Widrigkeiten der Natur. Einmal plombieren sie einen Zahn mit Zelluloid, einer Nadel und heißem Draht. Immer wieder müssen sie Hunger, Misserfolge und Entbehrungen verkraften. „Wir ahnten noch nicht, dass die Zähigkeit und die ungeheure, in sich ruhende Geduld, die zu einem primitiven Leben erforderlich sind, nur durch eine völlige geistige Umstellung, durch eine Loslösung aus der Verflechtung erreicht werden kann; dass wir uns die Grundlagen unseres neuen Daseins erst unter Sonne und Wind, durch Hunger und Durst erringen mussten, bevor uns die Wüste zur Heimat werden konnte", schreibt Martin. Und doch fühlen sie in ihrem selbst gewählten Schicksal tiefe Zufriedenheit: „Wir waren oft bis zur Verzweiflung müde und enttäuscht. Aber gerade aus der immer wieder besiegten Verzweiflung und aus der Überwindung von Hunger und Durst wuchsen auch Selbstvertrauen und Stärke. Bei alledem wurde uns immer klarer, wie sehr dem zivilisierten Menschen die extreme Bewährung fehlt."

„Wieso haben Martin und sein Freund den Canyon dann verlassen?", fragt Stefan.

„Korn wurde krank. Er hatte Vitaminmangel." Es half auch nichts, dass sie rohes Fleisch aßen und versuchten, Gemüse anzubauen. Der Mangel war ein steter Begleiter bei der Nahrungssuche. Einmal beschreibt Martin die Vorstellung der „Klippkaffern" (gemeint ist das Volk der Damara) vom Himmel: „Der Gestorbene wandert über das steinige Land zum Himmelskral. Der ist von Dornbuschverhau umgeben; am Pfosten des Eingangs hängt eine Holzschale gefüllt mit warmem Fett, und daneben eine Schöpfkelle. Der Klippkaffer darf, bevor er den Himmel betritt, so viel Fett trinken wie er mag. Es ist das höchste unmittelbare Glück, das die kümmerlich am Wüstenrand lebenden Klippkaffern sich vorzustellen vermögen." Wegen des Mangels kann Martin erstmals diese Vorstellung vom Paradies nachempfinden.

„Und wie ging es mit den beiden weiter?"

„Sie stellten sich. Korn wurde behandelt. Nach kurzer Inhaftierung kamen sie wieder frei. Die Engländer sahen ein, dass jemand, der zwei Jahre in der Wüste lebt, um dem Krieg zu entgehen, sehr unpolitisch sein muss."

Wir steigen langsam wieder aufwärts, zum dunklen Rand der Schlucht. Auch wir wollen uns das Essen heute über dem Feuer zubereiten, am besten mit Kameldornholz. Das Holz ist sehr hart, der Baum gilt als besonders widerstandsfähig, was in dem sogenannten Südwesterlied gepriesen wird. Von diesem gibt es sogar eine Heino-

Version, die entstand, lange bevor sich der Barde an der Interpretation von Rammstein-Liedgut versuchte, aber das ist eine andere Geschichte. An dieser Stelle nur zwei Sätze zum Namen des Baums: Er beziehungsweise seine Früchte sind nicht etwa bei Kamelen besonders beliebt (solche sieht man hier nämlich nicht), sondern bei Giraffen. Und weil das Afrikaans-Wort für Giraffe Kameelperd ist, kommt es zu dieser Wortschöpfung. Überhaupt bietet das aus dem Niederländischen entwickelte Afrikaans einige in meinen Ohren wundersam klingende Begriffe, wie etwa das Peuselhappie. Da wir uns aber nicht mit einem Pausenhäppchen begnügen wollen, gehen wir in den Shop, wo angeblich Kameldornholz verkauft wird. Tatsächlich gibt es noch ein Netz. Ich greife zu.

„The last one!", ruft der Verkäufer.

„Yes!" Um ein bisschen Konversation zu betreiben, schiebe ich nach: „How do you call this?"

„Wood!"

Ach was. Ich meine den Namen des Baumes auf Englisch.

Er: „Pooh!"

„In German: Kameldorn! Maybe: camel thorn?"

„That's it!"

Das hätten wir geklärt. Auf dem Weg zu unserem Platz kommen wir an einem kleinen Pool vorbei. In der Wüste schwimmen – das hat etwas. Aber, wie mein Bruder kurz darauf zutreffend anmerkt, schwimmt dort einiges: „Bleibe mit dem Kopf besser über Wasser!" Das Wasser ist trüb und vor allem kalt. Ich springe hinein. Es folgt ein Ganzkörperkneippen mit Blick auf die Wüste bei leichtem Wind. Wie kann man das steigern?

„Da musschd di entscheida!" Ein junges schwäbisches Pärchen nähert sich. Egal, ob im südamerikanischen Regenwald, New York oder hier – ich habe das Gefühl, die Leute aus dem Ländle sind überall. Passend dazu verrichten gerade perfektionistische Häuslebauer über uns ihr Werk. Unter lautem Gezwitscher bauen Webervögel ein ausladendes Nest in einem Baum, dessen Rinde durch die Trockenheit sichtbar gelitten hat. Halm für Halm fliegen sie emsig heran und schieben das Material mit Schwung von unten in das hängende Konstrukt, das sie mit Schlingen kunstvoll festigen. Die Eingangslöcher befinden sich an der Unterseite, um Schlangen den Zugriff auf die

Küken zu erschweren. Ihre Baukunst wird nur durch die Tragfähigkeit des Gerüstes begrenzt: Ich habe gelesen, dass Bäume und Telegrafenmasten unter dem Gewicht zusammengebrochen sind.
Kurz darauf testet Stefan die Belastungsgrenze unseres Nissans, als er ihn im tiefen Sand eingräbt. Er schaltet auf Allrad. Sofort wühlt sich das Auto wieder frei. Der Wind wird stärker. Während wir unser Nachtlager aufbauen, zerrt er an der Zelthaut. Dafür hilft er uns beim Anzünden des Kameldornholzes. Bald riecht es nach Oryx-Steak, Bohnen und Boerewors. Die mit Koriander, Muskatnuss und Thymian gewürzte Bratwurst ist mein persönlicher Favorit. Dazu trinken wir südafrikanischen Rotwein. Der Wind singt in der Flasche. Wir genießen den Blick auf das Sandmeer, das an unserem Campingtisch beginnt. Der Himmel ist in weichem Blau-weiß-rot gezeichnet, das ineinander und später in die Dunkelheit übergeht. Wir sitzen lange zusammen, reden oder bewundern schweigend den Sternenhimmel. Als Stefan ins Zelt klettert, gehe ich ein Stück in die Wüste hinaus, schalte die Stirnlampe aus. Nur ein leichter Wind ist zu spüren. Auf einmal höre ich Hufe auf den Boden schlagen. Ich knipse das Licht an. Unscharf erkenne ich Umrisse von größeren Tieren, zumindest eines mit abfallendem Rücken. Ich schalte das Licht wieder aus und laufe – sehr wach – zurück, während mir die Geschichte von der Hyäne in den Kopf kommt, die vor einigen Jahren den Camper attackierte.
Stefan hat eine starke Taschenlampe, mit der er 40 Meter weit die Umgebung ausleuchten kann. Wir tasten uns zusammen in die Wüste. Eine Hyäne ist nicht zu sehen. Zwei Oryxantilopen suchen den Boden ab. Auch vor ihnen und ihren langen Spießen halten wir respektvoll Abstand. Langsam kehren wir zu unserem Fahrzeug zurück. Stefan klettert abermals in sein Dachzelt, ich bleibe an der Feuerstelle. Von dem Kameldornholz ist ein wenig rote Glut übrig. Das letzte Mal an diesem Tag denke ich an Martin: „Unsere Zufriedenheit kam wohl aus tieferen Schichten der Seele. Es mochten uralte ererbte Gefühle sein, die da in uns lebendig wurden. War doch für ungezählte Generationen geschichtsloser Vergangenheit ein Felsdach, ein Häuflein rotglühender Kohle und eine Jagdbeute der Höhepunkt behaglicher Zufriedenheit nach nagendem Hunger und gefahrvollen Anstrengungen gewesen."

Ich habe heute weder Hunger noch gefahrvolle Anstrengungen erlebt. Und dennoch gibt es keinen anderen Ort, an dem ich jetzt lieber wäre.

Vier

Sesriem – Kuiseb Canyon – Swakopmund

„Versuchen wir es einmal mit einer Neubeurteilung der Situation, indem wir annehmen, dass Ihr Festsitzen nicht die schlimmste aller denkbaren Situationen, sondern die bestmögliche Situation ist, in der Sie sich befinden können."

Robert Pirsig

Kurz vor Sonnenaufgang öffne ich den Reißverschluss. Die Sandberge liegen im kalten Morgendunst. Es ist still, nichts bewegt sich. Bald wird die Sonne aufgehen. Mein Kopf ist so frei wie die Landschaft, auf die ich schaue. Ich weiß nicht, wann ich mich das letzte Mal so ausgeschlafen gefühlt habe.

In der Nacht war es hier offenbar wesentlich lebendiger: Die Spuren großer Paarhufer führen direkt an unserem Zelt vorbei. Ich steige die Leiter hinunter, gehe langsam auf dem leeren Platz umher, blicke in jede Richtung, um die Schönheit zu erfassen. Vielleicht gewöhnt man sich an diesen Anblick. Momentan bin ich davon weit entfernt. Stefan kommt zu mir: „Ich fühle mich so ausgeschlafen wie seit Jahren nicht mehr." Ich nicke und lächle. Wir packen schweigend die Dachzelte zusammen. Mein Geist ist nur darauf fokussiert, die Zelthaut zu falten und die Abdeckung zu verzurren. Zugleich bin ich dankbar für die einfache, klare Konstruktion: Das Zelt, der Tisch, die Stühle – die ganze Ausrüstung ist durchdacht und fügt sich nahtlos ineinander. Nichts ist überflüssig. Die Technik wird im Alltag oft negativ besetzt, vor allem, wenn sie (etwa in Gestalt des Autos, der Waschmaschine, des Computers oder des Telefons) nicht funktioniert. Man fühlt sich abhängig, ohnmächtig, will aber zugleich an diesem Zustand und der eigenen Erwartung an die Technik wenig ändern. Dabei zwingt mich meistens keiner, sie zu verwenden. Doch es gibt auch die positive Sicht: Ein Architekt sagte mir einmal, ein Gebäude sei für ihn schön, wenn alles durchdacht und nichts überflüssig sei. Das sei eine andere Ästhetik als ein Sonnenaufgang, für ihn aber mindestens genauso reizvoll. Und Robert Pirsig begeistert sich in „Zen und die Kunst ein Motorrad zu warten" für die Schönheit eines Schraubenschlüssels, weil dieser für die ihm zugedachte Aufgabe perfekt geformt sei.

Um ehrlich zu sein kann ich mich für den Sonnenaufgang und die Farben des Lichts gerade noch mehr begeistern. Stefan dagegen ist vom Gaskocher angetan, auf dem er Eier und Speck zubereitet. Nebeneinander frühstücken wir in der Morgensonne, den Blick in die Wüste gerichtet. Danach räumen wir alles zusammen, nicht gehetzt, aber konzentriert. Nur kurz werden wir dabei unterbrochen, als eine Angestellte vorbeikommt.

„Good morning! How are you?"

„Fine. And how are you?", entgegne ich. Das habe ich in der kurzen Zeit bereits gelernt: Gespräche mit deutschstämmigen Namibiern ausgenommen fasst man sich hier nicht kurz, im Sinne von: „Hallo! Mein Name ist xy. Ich hätte gerne…". In einem getragenen Singsang wird zunächst einmal entschleunigt. Vorgestern vergaß ich bei unserer Ankunft auf dem Campingplatz unterdessen fast, die harten Fakten zu erfragen. Und auch dieses Gespräch plätschert freundlich dahin.

„Fine. Thank you. Did you get up well?", fragt sie.

„Yes. Thanks. And you?" Wie bei einem Tennis-Match zweier Grundlinienspieler könnten wir den Ball wohl endlos hin- und zurückspielen.

„Yes. Thank you. Do you leave today?"

Na gut, das kann ich sie jetzt nicht fragen. Und andere Fragen stelle ich ebenfalls nicht. Ich bejahe nur. Sie wünscht uns eine gute Reise. Ansonsten wollte sie nichts.

„Gute Pad" – „Gute Straße!". Dieser namibische Abschiedsgruß hat seine Gründe, die gewichtiger sind als der bloße Wunsch, sich wiederzusehen. Tiefe Querrillen und Schlaglöcher fordern die Reifen und Stoßdämpfer. Und wir haben erneut etwa 350 Kilometer vor uns.

„Mich würde interessieren, was die SUV, die sich in deutschen Städten ausbreiten, auf diesen Straßen leisten würden", sagt Stefan. „Ich glaube, so ein X5 oder ein Cayenne wären schnell entzaubert." Ich habe gelesen, dass selbst Land Rover als zu anfällig gelten. Zuverlässig rumpelt unser 4x4 über die Piste, vorbei an rot leuchtenden Hügeln, ausgedörrtem gelben Gras und vereinzelten grünen Sträuchern, bis wir an einem vertrauten Ort halten. Der Name Solitaire stimmt nur bedingt: Zwar liegen die Häuser einsam in der Wüste. Einsam fühlt man sich an der Tankstelle oder dem Café deshalb aber nicht. An der Zapfsäule hebe beziehungsweise drücke ich an der Seite das Fahrzeug, während ein Angestellter betankt. Ein weißer Tourist fragt Stefan, was ich da mache. „Leibesertüchtigung" liegt mir auf der Zunge. Stefan erklärt es ihm sachlich. Neben uns unterhalten sich andere Reisende angeregt über „Big Daddy". Ein Auto, das an den Staub offenbar weniger gut angepasst ist als unseres, rollt vorbei. Der Motor läuft nicht rund und geht schließlich aus.

In der Bäckerei herrscht Hochbetrieb, was die Angestellten auch heute nicht aus der Ruhe bringt. Wieder habe ich Zeit, van der Lees Buchauszug zu lesen und den an der Wand hängenden Moose wie einen alten Bekannten zu begrüßen. „Gut Ding will Weile haben!", pflegte mein alter Englischlehrer zu sagen, wenn eifrige Fünftklässler ihn mit der Frage belagerten, wann er denn endlich die Schulaufgabe korrigiert habe. Übertragen auf den Apfelkuchen, der hier irgendwann serviert wird, muss ich sagen: Keine noch so sorgfältige Korrekturarbeit hätte mithalten können. Er wird zu Recht in den Reiseführern gepriesen, teils mit starken Worten. Ob es sich tatsächlich um den „besten in Afrika" oder gar „weltbesten" handelt, lasse ich dahinstehen. Er ist Moose und seinen Nachfolgern jedenfalls richtig gut gelungen: Auf dem Mürbteigboden liegen saftige Apfelstückchen, darüber eine relativ harte Streuselschicht mit Zimtgeschmack, die – so vermute ich als Unkundiger – die Feuchtigkeit der Apfelstücke nicht entweichen lässt. Warm serviert mit gutem Cappuccino und einem Platz mit Blick auf Wüste, Kakteen, Windrad, kunstvoll arrangierte Skelette alter amerikanischer Autos und leicht aufgewirbelten Sand kann man mich leicht in einen Zustand „behaglicher Zufriedenheit" versetzen, den ein Mann am Nebentisch leider nicht uneingeschränkt teilt. Er wurde ausgeraubt. Der Besuch der Polizeistation weckte bei ihm keineswegs die Hoffnung, dass er seine Sachen zurückerhalte und die Tat aufgeklärt werde. Immerhin wurde ihm (von wem auch immer) so viel Geld gegeben, dass er nach Hause kommt. Für das, was ihm widerfahren ist, sitzt und erzählt er meines Erachtens relativ entspannt. Vielleicht steckt die Gelassenheit der Namibier selbst in solchen Situationen an.

Wir fahren weiter. Beim Einbiegen auf die C 14 bediene ich wieder den Scheibenwischer statt des Blinkers. So ganz bin ich noch nicht angekommen. Die Wüste wird steiniger. Nach einer Kuppe öffnet sich vor uns eine riesige Ebene mit einzelnen Inselbergen in rotbrauner Erde. Die Straße läuft schnurgerade über kleinere Erhebungen bis zum Horizont. Wir folgen ihr, stoßen irgendwann auf das Gaub Rivier. Riviere sind Trockenflüsse, das heißt, sie führen nur

zeitweilig Wasser. Wenn der Gaub aus dem Khomashochland Wasser mitbringt, dann ist es eine Menge: Damit hat er sich ein breites, dicht bewachsenes Bett geschaffen. Das Grün hebt sich vom dunklen Gestein des Canyons ab. Vom Rivier fahren wir einen Pass hinauf. Wir erreichen die nächste Ebene, rechts eingerahmt von roten Bergen. Der Gaub fließt in den Kuiseb, der in über zwei Millionen Jahren tief eingeschnittene, stark verästelte Schluchten gegraben hat. Von oben wirkt der Canyon mit seinen schroffen groben Erhebungen noch lebensfeindlicher und abweisender als die Sandwüste.
„Danger! Stay on the road", warnt ein Schild. Wir verlassen das Fahrzeug nur an einem einsamen Aussichtspunkt. Die Felsen fallen steil ab. Ein scharfer Wind bläst uns ins Gesicht. Tief unten sehen wir ausgetrocknete Flussläufe. Hier schrieb Martin: „Alles Leben schien neu, wunderbar und erregend, so ungeheuer war der Gegensatz zwischen der toten, sonnendurchglühten Landschaft und den schönen, schnellen Bewohnern, die, dem vielfältig lauernden Tod trotzend, sich spielend und übermütig ihres Lebens freuten. Nie war uns das Leben wunderbarer und rätselhafter erschienen als in dieser kargen Schlucht am Rande der Wüste. (...) Hier musste das Leben um jeden Zollbreit Boden kämpfen, in unerbittlichem Widerstreit mit den gewaltigen Kräften der toten Materie."
Der Weg vom Canyon zur C 14 ist – zur Freude meines Bruders – alles andere als eine gute Pad. Zurück auf der Straße Richtung Walvis Bay wird uns die nächste Herausforderung bewusst: Wir müssen uns beeilen. Weil wir unseren Sinn für die Uhr verloren haben, haben wir jetzt nicht mehr viel Zeit. Außerdem fällt uns auf, dass wir schon sehr lange kein anderes Auto gesehen haben. Auch diese Gegend ist ein „leerer Platz", der Landesname wurde klug ausgewählt. Als der im Exil lebende Professor und Mitgründer der SWAPO Mburumba Kerina von dem ersten Präsidenten des unabhängigen Indonesiens Sukarno gefragt wurde, wie sein Land heiße, soll dieser geantwortet haben: Südwestafrika. Daraufhin soll Sukarno gesagt haben, dass nur Sklaven und Hunde von ihren Haltern den Namen erhielten, freie Menschen sich aber einen eigenen Namen suchten. Kerina bestimmte sodann als neuen gemeinsamen Nenner der vielen Völker die Namib.

Die Schotterpiste wird besser. Die Geraden reichen über den Horizont weit hinaus. Lange bleibt das Lenkrad in derselben Position. Ebenso lange hören wir lediglich das monotone Brummen des Motors und die Erschütterungen bei kleineren Unebenheiten. Die Luft flirrt und täuscht große Seen vor. Am Straßenrand liegen zerfetzte Reifen, die den scharfkantigen Steinen zum Opfer gefallen sind. Eine Panne hier im Nirgendwo wäre ungünstig. Abermals denke ich an Pirsigs Buch, in dem es nicht nur um Motorradwartung oder die Ästhetik eines Schraubenschlüssels geht. Ein für ihn wichtiges Thema ist das „Festsitzen", dem er viel abgewinnen kann. Pirsig reist mit seinem Sohn auf einem Motorrad durch den Nordwesten der Vereinigten Staaten. Die Konflikte mit seinem Kind machen ihm bisweilen zu schaffen. Er beschreibt aber auch sehr eindrücklich, was in ihm vorgeht, wenn das Motorrad nicht funktioniert und er bei einem langwierigen Reparaturversuch noch größeren Schaden anrichtet, etwa eine Schraube so verbiegt, dass sie sich nicht mehr drehen lässt: „Man sitzt fest. Keine Antwort. Alles aus. Fix und fertig. Es ist ein Tiefschlag fürs Selbstbewusstsein. Man verliert Zeit. Man ist unfähig. Man weiß nicht, was man tut. Es ist ganz normal, wenn in solch einem Augenblick das Angst-Wut-Syndrom auftritt und man diesen Seitendeckel am liebsten mit Hammer und Meißel bearbeiten oder mit einem Vorschlaghammer abschlagen würde. Man überlegt, und je länger man überlegt, umso größer wird die Versuchung, die Maschine auf eine hohe Brücke zu schaffen und sie in den Fluss zu schmeißen. Es ist auch nicht einzusehen, dass man an so einem winzigen Schlitz in einer Schraube restlos scheitern soll."

Im Grunde geht es darum, dass etwas nicht funktioniert, man nicht das bekommt, was man will. Gelingt es in einer solchen Situation, die eigene Erwartung, den Wunsch loszulassen, ist das Festsitzen – wie er schreibt – „der Vorläufer jeden echten Verstehens". Gelingt es nicht, wird das Festsitzen zur Qual oder gar zum Verhängnis. Als plakatives Beispiel beschreibt er die „Südindische Affenfalle": Eine ausgehöhlte Kokosnuss wird an einem Pfahl angebunden. In die Kokosnuss gibt man eine Handvoll Reis, nach dem der Affe durch ein kleines Loch greifen kann. Das Loch ist groß genug für eine flache Hand, aber zu klein, um die Faust mit dem Reis wieder herauszuziehen. Der Affe fasst hinein und ist in der Falle gefangen. Es kommt ihm nicht in den Sinn, den Reis loszulassen. Er erkennt nicht, dass die Freiheit ohne Reis mehr wert ist als Gefangenschaft mit Reis. Die Dorfbewohner kommen, um ihn zu packen und fortzuschleppen. Sie kommen näher. Er zerrt mit aller Kraft an der Kokosnuss. Und schreit panisch.

Könnte er kurz innehalten, aufhören, an der Kokosnuss zu zerren und überlegen, was ihm wichtig ist, hätte der Gedanke eine Chance, dass er „nur“ die Hand öffnen und den Reis loslassen müsste. Dann wäre der Geist leer, ein Zustand, den man pflegen sollte. „Wenn Ihr Geist wirklich und zutiefst festsitzt, sind Sie vielleicht besser dran, als wenn er voller Ideen steckt.“

Kurz darauf sehen wir tatsächlich eine Familie am Straßenrand mit ihrem Pick-up festsitzen. Und sie scheint die Gedankenwelt Pirsigs zu teilen. Drei Teenager haben es sich auf der Ladefläche, ihre Eltern unweit auf einem Sandhügel bequem gemacht. Ob wir helfen können, fragen wir. Nein, nein, alles gut, lachen sie. Ein Abschleppauto sei „sicher schon unterwegs“. Ich weiß nicht, wie lange sie dort sitzen und ob ein anderer Fahrer ihnen zugesagt hat, telefonisch Hilfe zu verständigen, sobald er wieder Empfang hat. Beeindruckt bin ich auf jeden Fall. Vielleicht liegt es daran, dass mein Geist „voller Ideen steckt“ – ich bin sehr froh, dass unser Auto nicht steht.

Die Straße ist mittlerweile sandig und eben. Außerdem ist es spürbar kälter geworden. Der Benguelastrom bringt zum einen kaltes, planktonreiches Wasser aus der Antarktis, das Fischschwärme anzieht. Zudem kühlt er die Luft so ab, dass über dem Meer keine feuchten Luftmassen aufsteigen. Er schafft eine extrem trockene Wüste, die nach einem namibischen Sprichwort von Gott geschaffen wurde, als er wütend war. Andererseits lässt er die Feuchtigkeit in der Luft kondensieren. Dieser Nebel reicht einigen Überlebenskünstlern aus. Kurz vor Walvis Bay sehen wir Tiere, die nicht auf kleine Tröpfchen in der Luft angewiesen sind: In seichten Wasserbecken stehen beziehungsweise waten unzählige Flamingos. Dahinter erheben sich an der Küste riesige Kräne zum (Ent-)Laden der Containerschiffe.

Als erste Europäer gingen hier Portugiesen Ende des 15. Jahrhunderts an Land. Sie nannten den Ort Baia das Baleias – Bucht der Wale. Für 400 Jahre war er dann auch in erster Linie Anlaufpunkt für Walfänger verschiedener Nationen. Ein englischer Kapitän hisste

1795 das erste Mal die britische Flagge. Aber erst 1878 machten die Engländer Ernst und annektierten die Bucht, als das Deutsche Reich zunehmend Interesse an dem einzigen geschützten Hafen zwischen Lüderitz und Luanda zeigte. Inzwischen hatten sich auch britische Guano-Händler und Fischer dort eingerichtet. Fischfang und -verarbeitung spielen nach wie vor eine erhebliche Rolle, wie wir bei der Fahrt durch das große Industriegebiet der Stadt sehen. Für dieses würden wir uns sicher noch stärker interessieren, wenn es nicht schon dämmern würde und wir uns nicht verfahren hätten. Laut Wegbeschreibung sollen wir in Walvis Bay in einem Kreisverkehr die Ausfahrt Richtung Swakopmund nehmen. Doch den Kreisverkehr mit dieser Ausfahrt finden wir nicht. Stattdessen schiebt sich unser Geländewagen mit markantem Dachzeltaufbau durch einen Strom von Fabrikarbeitern. Vermutlich ist gerade Schichtwechsel. Der Strom ebbt ab, wir passieren eine Kaserne der namibischen Marine. Danach nimmt das Leben auf der nunmehr unbefestigten Straße wieder stark zu. Hingegen sinkt der qualitative Zustand der Hütten auf beiden Seiten signifikant.

„Jetzt wird es krass“, sagt Stefan ernst. Mich beunruhigt weniger, dass wir mit unserer Hautfarbe in der klaren Minderheit sind. Es ist das Mietfahrzeug, das uns in dem dämmerigen Durcheinander ein sehr sichtbares Alleinstellungsmerkmal verleiht. Wir werden wahrgenommen und haben zugleich keine Ahnung, wie wir aus diesem Labyrinth finden können. Noch sichtbarer als unser Auto ist wohl nur die Armut zwischen den Wellblech- und Holz-Kunststoff-Behausungen. Auf der Suche nach der nächstgrößeren Straße, die ein paar Schlaglöcher weniger hat, kommen wir wieder an derselben Stelle vorbei. Zufällig biegen wir irgendwann richtig ab und finden auf die B 2 Richtung Swakopmund. Links von uns breitet sich der Atlantik aus, rechts die Wüste. Auf dem Meer ziehen riesige Containerschiffe. Die Straße wird von eingegrabenen Palmen gesäumt, die wie abgeschnittene Ananashälften aus dem Sand ragen. Wir erreichen Swakopmund. Unsere Unterkunft am Strand, die „Alte Brücke“, hat einen großen Wohn-/Esszimmerbereich und zwei getrennte Schlafzimmer mit Doppelbetten, alles sauber und ansprechend eingerichtet. Ich bin froh, dass mir die Mitarbeiterin der

Autovermietung vom Campen in der Stadt abgeraten hat, weil „dort die feuchte Kälte im Winter in den Schlafsack zieht".

In Swakop, wie die Rezeptionistin es bezeichnet, sind die Spuren deutscher Kolonialzeit deutlich zu sehen, an aufgemalten Häusernamen wie „Atlantiksicht", vor allem aber an den Gebäuden selbst. Eine größere Zahl an Jugendstil-Bauwerken wird man in Namibia nur in Lüderitz finden. Auch im Hinblick auf die zu lesenden Namen könnten dort die kolonialen Spuren sichtbarer bleiben. Zwar sollte die Stadt Lüderitz selbst in !Nami‡Nûs umbenannt werden. Der Bremer Kaufmann hatte mit dem Landerwerb nicht nur dem Kolonialismus einen Weg bereitet. Er hatte zugleich ein besonders negatives Beispiel geliefert, indem er den Orlam-Führer Josef Frederiks II bei dem Landkauf über den Tisch zog: Er schob diesem die preußische Meile anstatt der vom Verkäufer gedachten englischen Meile unter, weshalb der Stamm nicht nur 70 mal 35 Kilometer, sondern 300 mal 150 Kilometer verlor. Bei allem berechtigten Groll auf den deutschen Händler konnte sich !Nami‡Nûs dann doch nicht durchsetzen. Zwar hat der Name eine schöne Bedeutung, nämlich Umarmung. Wegen der Klicklaute ist er aber noch schwerer auszusprechen als zu schreiben. Hinzu kommt, dass sein Klang dem eines obszönen Schimpfwortes sehr ähnelt, weshalb selbst die Befürworter der Namensänderung die Aussprache meiden.

Ein anderes Schicksal war der Moltkestraße in Swakopmund beschieden. Dabei gab es verschiedene Moltkes: Den Generalfeldmarschall Helmuth, der das preußische Militär durch die Einigungskriege im 19. Jahrhundert führte. Sein Neffe Helmuth Johannes konnte als Chef des Generalstabs den Ausbruch des Ersten Weltkrieges kaum erwarten („je eher, desto besser"). Und schließlich – ebenfalls aus der Familie – der NS-Widerstandskämpfer Helmuth James. Auf Grund desselben Namens hätte man die Straße unproblematisch umwidmen können, weg von den Kriegsherren hin zum Pazifisten. Man entschied sich bei der Umbenennung dann zwar für einen Widerstandskämpfer. Allzu viele weitere Gemeinsamkeiten mit dem jüngsten der genannten Moltkes dürfte es nicht geben. Tobias Hainyeko war erster Befehlshaber der namibischen Volksbefreiungsarmee (PLAN) und ein erfahrener Guerillakämpfer. Zahlreiche weitere Straßen, die etwa auf den Bahnhof beziehungsweise das Lazarett hinwiesen oder an Kaiser Wilhelm erinnerten, wurden vor allem zu Ehren der Helden des Unabhängigkeitskrieges umbenannt.

Hingegen wird „Kücki's Pub“ in der Tobias-Hainyeko-Street seinen Namen wohl behalten. Wir treten in eine wundersame Welt ein. Auf den feucht-kalten Straßen begegneten uns in der Dunkelheit weder Fußgänger noch Autos. Jetzt sehen wir auf zwei gut gefüllten Etagen in heimeliger Atmosphäre Gäste zusammensitzen und sich angeregt unterhalten. Auf dem Weg nach oben ragt mir aus der Wand ein halbes Kanu entgegen, in der oberen Etage hängen großflächige Aufnahmen der Skelettküste. Der smarte Kellner bringt uns eine Karte. In Anführungszeichen werden unter anderem Rotkohl, Sauerkraut, Bratkartoffeln, Spätzle und Eisbein angeboten, versehen mit einer englischen Erläuterung, die stets mit den Worten „German-Style“ beginnt. Ich entscheide mich für Fisch und Salat. Es schmeckt fantastisch, vor allem, wenn man ein paar Tage in der Wüste darauf verzichtet hat. Auf einem Flachbildfernseher ist ein südafrikanischer Sender eingestellt. Diesmal geben aber nicht junge Sängerinnen ihr Bestes, um Ratschläge zu erhalten wie: „Du siehst wirklich gut aus. Aber lass das Singen!“ Vielmehr bemüht sich die Cricket-Mannschaft aus Bangladesch gegen das Team Sri Lankas. Und so sehr sich die Bangladescher anstrengen, beim Stand von 3:234 gleichen die entsetzten Mienen der gestandenen Männer irgendwie denen der Idols-Kandidatinnen von gestern. Ganz anders dann der Ausdruck des jungen Kolumbianers, der als erster Südamerikaner die Tour de France gewinnt. Der 22jährige Egan Bernal übernimmt die Führung, kurz bevor das Rennen wegen schlechten Wetters und verschütteter Straßen abgebrochen werden muss. Die Bilder von Schnee und Hagel in Frankreich wirken in Kücki's Pub merkwürdig.

Für deutsche Gäste hält das Lokal eine weitere Wunderlichkeit bereit. Auf den Tischen stehen Schilder, die eine klare Botschaft senden: „NO SEPARATE BILLING“. Kein Problem, wir halbieren den Betrag einfach. In größeren Gruppen habe ich das gemeinsame Bezahlen immer als sehr kommunikativen Prozess erlebt, gegen Ende stets begleitet von den Worten „das reicht doch immer noch nicht!“

Vom Wein leicht benebelt treten wir wieder hinaus in das kaltfeuchte Swakop, Richtung Atlantik. Das Grollen der brechenden Wogen wird lauter, der Geruch des Seetangs und Salzwassers intensiver. In der Dunkelheit reicht eine Landungsbrücke über 250 Meter in das Meer hinaus, an deren Ende sehe ich die Lichter eines Lokals. Wuchtig schlagen die Wellen gegen die Pfeiler der Jetty. Verlassen liegen der „Süd Strand“ und die „Strand Straße“ in der Nacht.

Fünf

Swakopmund

„Es gab um 1900 in Südwest so gut wie nichts von dem, was für den Aufbau eines Neulandes nötig war.“

Als „Stück Deutschland zwischen Wüste und Meer“ wird Swakopmund in einem Reiseführer bezeichnet. Ob diese Beschreibung bei allen Namibiern Begeisterung auslöst, wage ich zu bezweifeln. Zu den schärfsten Kritikern würde die „Allgemeine Zeitung“ vielleicht nicht zählen. Die Zeitung ist die einzige namibische, die auf Deutsch erscheint. Das an sich ist bereits bemerkenswert. Hinzu kommt, dass Orthografie (die Rechtschreibreformen wurden hier nicht mitgetragen) und Stil („Die Damen und Herren fanden den Konsensus“) an vergangene Zeiten erinnern. Die Änderung der deutschen Straßennamen scheint bei dem Verfasser des diesbezüglichen Artikels eine spürbar geringere Begeisterung auszulösen als die Berichte über die 2. Bundesliga oder das anstehende Heimrennen von Sebastian Vettel.

Im Frühstücksraum werden ebenfalls „Stücke Deutschlands“ sichtbar. Ein sehr altes hängt an der Wand in Gestalt eines Grenzschilds, das ehemals den Übergang des „Deutschen Schutzgebietes“, ausgewiesen durch den Reichsadler, zum „British Territory“ anzeigte. Und als ein sehr aktuelles würde ich das Frühstücksbuffet bezeichnen: Diverse Brot-, Müsli- und Marmeladensorten werden aufgetischt, dazu eine beachtliche Auswahl an Aufschnitt. „Wie in Hausen“, meint Stefan. Zwar hing in unserem Elternhaus in dem unterfränkischen Dorf weder ein Reichsadler noch wurde ein so opulentes Frühstück zubereitet. Aber Aufschnitt und verschiedene Brotsorten sind uns sehr vertraut. Andererseits hatten wir zu Hause keinen Chefkoch, der uns morgens so überschwänglich empfing. „How are you?“, ruft er uns laut lachend zu.

„Fine! And how are you?“

„Fine. Did you sleep well?“ Und so weiter. Nach dem Begrüßungsritual erzählt er uns von sich. Aus dem Norden stammt er, nahe der Grenze zu Angola. Er ist Ovambo.

„Stellen die Ovambo nicht meistens den Präsidenten?“, frage ich halbwissend auf Englisch. Ich weiß, es ist das mit Abstand größte Volk in Namibia, wobei es acht Untergruppen gibt. Die meisten sind Christen und einige leben noch in Kraals.

„Ja, aber der jetzige Präsident ist ein Damara. Er ist auch gut." Die Damara leben überwiegend im Nordwesten. Sie zählen – wie die San – zur Urbevölkerung des Landes. „Im Norden gibt es außerdem die Himba. Das sind die mit der roten Hautfarbe", erklärt er auf Nachfrage. Die Hautfarbe rührt von der fettigen ockerfarbenen Creme, die die Haut vor der Sonne und den Stechfliegen schützt. Die Himba ziehen im Kaokoveld als Nomaden umher, wo sie Vieh züchten, jagen und sammeln.

Wo seine Familie wohnt, frage ich ihn.

„Alle im Norden. Ich sehe sie nur sechsmal im Jahr."

„Das ist selten. Meine Tochter hat mir gestern geschrieben und ich habe mir gedacht, dass gut zwei Wochen eine sehr lange Zeit werden können."

„Ich vermisse sie sehr", er fasst sich lächelnd ans Herz. „Ich habe 5 Kinder zwischen 5 und 28 Jahren, die auf mich warten." Die Spanne betont er sehr stolz. Er scheint mit seinem Alter zu kokettieren. Ich soll schätzen.

„40?" Ich blende die 28 Jahre seines Ältesten aus und greife bewusst tief. Außerdem hat er sich etwas Jugendliches bewahrt. Er strahlt. Unabhängig vom Kulturkreis ist ab einem gewissen Alter offenbar keiner vor der Wirkung solcher Komplimente sicher.

„55!", ruft er.

„Nein!"

„Doch!"

Das „Ohhh!" liegt mir schon auf den Lippen. Ich bezweifle aber, dass er Louis de Funès in „Hasch mich – ich bin der Mörder" gesehen hat.

Er steigert den Dialog auf seine Weise: „Ich habe schon zwei Enkeltöchter!"

„Nein!"

„Doch!"

„Aber du siehst nicht aus wie ein Großvater!"

Seine Mundwinkel reichen bis zu den Ohren. Ich wechsle das Thema, sonst wird es überreizt: „Der Etosha ist sicherlich nicht weit weg von deinem Heimatort."

Ist er nicht. Er hat ihn schon mehrmals besucht. Wunderschön sind die Tiere. Ob wir hinfahren?

Nur ich, erkläre ich ihm. Mein Bruder fliegt vorher zurück.
„Oh! Okay!“ Sowohl das kurze „Oh!“ als auch das länger gezogene „kay!“ machen mich stutzig.
„Ist das ein Problem?“
„Nein“, sagt er. „Du musst nur aufpassen. Die Löwen sind schnell. Das Auto darfst du nie verlassen. Es wurden einige Touristen gefressen, weil sie ein besonders gutes Foto machen wollten.“
Auf ein solches letztes Selfie verzichte ich gerne. Aber was man macht, wenn man das Auto verlassen muss, etwa um den Reifen zu wechseln, bleibt offen. Zwei Bekannte hatten genau dieses Problem. Während der Mann sich hektisch ans Werk machte, hielt die Frau in alle Richtungen Ausschau, um ihn – nach Möglichkeit – rechtzeitig zu warnen. Eine weitere Bekannte erzählte mir vor ein paar Wochen von einer geführten Safari in Kenia. Erst steuerte der Fahrer den Wagen in den Treibsand. Während sie auf das Abschleppfahrzeug warteten, lauerten Löwen in der Nähe und schleckten sich über die Mäuler. Der Vorteil: So nah bekamen sie die Tiere im ganzen Urlaub nicht mehr vor die Linse. Der Nachteil: Während der Fahrer das Abschleppseil festband, ließen sie eine Tür offen, um ihm eine Option zu geben. Zugleich hielt ein Tourist die Tür, bereit sie zuzuschlagen, falls sich ein Löwe zuerst für den Wageninhalt interessieren sollte. Das wäre natürlich zugleich eine ungünstige Weichenstellung für den Fahrer draußen gewesen. Immerhin könnte mir das nicht passieren. Andererseits müsste ich mich zugleich umsehen und am Auto zu schaffen machen.
Und, sagt der Mann aus dem Norden, die Tiere sollte man nicht provozieren.
Das leuchtet ein. Unabhängig davon, durch was sie sich alles provoziert fühlen könnten: Ich werde Abstand halten, langsam beschleunigen, mich nicht in den Weg stellen oder hupen. Ich weiß nicht, was andere im Etosha angestellt haben. Die Fotos, die als Warnung bei der Autovermietung an der Wand hingen (Zusatz: „Kein Versicherungsfall!“), zeigten beeindruckende Ergebnisse: Etwa den von einem Stoßzahn durchbohrten Kühler. Auf einem anderen Bild sah man, was ein Nashorn alles mit einem Fahrzeug anstellen kann, wenn es sich provoziert fühlt. Gerade bei Begegnungen mit Nas-

hörnern und Elefanten scheint selbst das Auto kein uneingeschränkt sicherer Ort zu sein.
Das wird gut, sagt der Koch und lacht.
Eine niederländische Familie, die am Nachbartisch saß, hat diesen inzwischen verlassen. Wir sind allein in dem großen Raum mit 20 Tischen.
Wann denn hier Hochsaison sei, fragt Stefan, als wir aufbrechen.
„Jetzt."
Ich habe den Eindruck, es fällt ihm fast schwer, uns gehen zu lassen. Wir sollen aber, insistiert er, zumindest noch jeweils einen Apfel mitnehmen.
Stefan nimmt seinen Apfel mit in unser Appartement. Er muss noch etwas schreiben. Ich mache mich allein auf den Weg. Nahe der „Alten Brücke" ist ein Strandlokal mit Parkplatz, vor dem mehrfarbig eine unmissverständliche Warnung angebracht ist:
„YOU! YES, I MEAN YOU! YOU WILL GET STUCK! TOW-CHARGE: 500 N$".
Nur Geländefahrzeuge mit Allradantrieb sollen dort parken, für alle anderen wird es teuer. In diesem Land hat man reichlich Erfahrungen mit Fahrzeugen gesammelt, die im Sand stecken blieben. Eines der bekanntesten Beispiele ist Martin Luther. Er war zwar nicht selbst in Afrika, doch sein bekannter Satz („Hier stehe ich, ich kann nicht anders.") war bei der Namenswahl ausschlaggebend. Der deutsche Offizier Edmund Troost sah, wie beschwerlich der Transport mit Ochsenkarren war. Ende des 19. Jahrhunderts ließ er in Deutschland einen Dampftraktor bauen. Mit Holz und Wasserdampf, jedoch ohne Schienen sollte sein Gefährt den Materialtransport beschleunigen. Wie so oft steckte der Teufel dann im Detail – und hier gleich in mehreren schwerwiegenden: Das eine war das Gewicht selbst. Die 14 Tonnen Eisen gruben sich ständig in den Sand ein und konnten nur mit großem Aufwand freigeschaufelt werden. Unmengen an Süßwasser mussten für den Betrieb von weit hergeschafft werden. Die Maschine war lediglich in der Lage, zwei Waggons zu ziehen, die mussten aber – selbst für die Bewältigung einer kurzen Wegstrecke – mit Holz zum Heizen gefüllt werden. Drei Monate dauerte die erste Fahrt von Swakopmund ins benachbarte

Walvis Bay. Anders als Luther gab Troost seine Idee zwar auf, sein Traktor blieb hingegen stehen.
Bei allem Spott, der sich über Troost ergoss, muss man ihm zugestehen, dass er eine Innovation vor Augen hatte. Die angereisten Siedler hofften damals auf jede technische Erleichterung, wobei sie zunächst einmal an Land gelangen mussten. Else Sonnenberg beschrieb dies 1903 so: „Vor uns, in der schäumenden Brandung, lag die Mole, von der man sich in Zukunft so viel versprach für die Erleichterung der Landung. Sie sollte erst im nächsten Monat eröffnet werden, und wir hatten darum noch das Landen durch die Brandung zu überstehen. Unser Boot, von Schwarzen bemannt, wurde durch eine Dampfpinasse bis an die Brandung herangeschleppt, dann aber der Leitung der kräftigen Ruderarme überlassen. Von den weißschäumenden Fluten emporgerissen und dann wieder in die Tiefe stürzend, schwankte und kämpfte es mehrere Minuten – dann ein Ruck – eine Sturzwelle ergoß sich über uns, und schon hatten die am Ufer stehenden Krujungen, die bis über die Knie im Wasser standen, das Boot erfasst."
Wuchtig treffen die Wellen auf das Ufer. Da die Briten das geschützte Walvis Bay besetzt hatten, wählte die Besatzung des deutschen Kanonenboots Hyäne 1892 als Landestelle die nördlich gelegene Mündung des Flusses Swakop aus. 1903 wurde die von Sonnenberg beschriebene Mole eröffnet, die nach einem Jahr unbrauchbar wurde, als der Fluss nach heftigen Regenfällen mit viel Sand abkam. Ein weiteres Jahr später ragte ein hölzerner Landungssteg 325 Meter in das Meer, bis ihm Brandung und Bohrmuschel ein Ende bereiteten. Bei der Wucht, mit der die Wellen gegen die Pfeiler schlagen (ich habe gelesen, es sind 50 Tonnen pro Quadratmeter), ist es erstaunlich, dass der Steg zehn Jahre hielt – und die Jetty, mit deren Bau 1912 begonnen wurde, jetzt noch steht. Die Eisenbrücke sollte 640 Meter lang werden, doch mit Ausbruch des Ersten Weltkriegs stoppten die Arbeiten. Das Vorhaben wurde kurz darauf aufgegeben, die Jetty nie als Landungsbrücke genutzt, aber als Wahrzeichen der Stadt zwischenzeitlich restauriert und wiedereröffnet. Unter mir kracht eine Welle gegen einen Pfeiler, das Wasser spitzt nach oben durch die Zwischenräume. Von verschiedenen Richtungen drücken die Wogen gegeneinander und türmen sich auf. Ganz vorne

schwankt der Steg. Der Wind pfeift, elegant segelnd versuchen schwarze Wasservögel, auf den Pfeilern zu landen. Über mir zieht eine Formation Flamingos von Walvis Bay kommend vorbei. Vom Meer aus schaue ich auf die Wüste und Swakopmund, auf das die Wellen zurollen. Es ist einer der Momente, an die ich mich in Zukunft erinnern möchte.

Zurück am Ufer folge ich der grün bewachsenen, reichlich bewässerten Promenade bis zum Leuchtturm und der Sommerresidenz des Präsidenten.

„How are you?" Das ist sicher nicht der Präsident. Es ist Winter. Ich drehe mich um.

„Fine! And you?" Ich beherrsche diesen Schnack mittlerweile spielend. Wir haben beide gut geschlafen, freuen uns über die Sonne und die schöne Stadt. Hermanes hat eine große Narbe unter dem Auge, in das ich schaue. Er ist Damara, womit er zum nächsten Thema überleitet.

„We use four clicks in our language." Er schnalzt sie mir vor. Die Klicklaute werden in den Khoisansprachen der Damara und Nama verwendet, weswegen – so zumindest eine Theorie – die letztgenannten von den Weißen als „Hottentotten", also „Stotterer", bezeichnet wurden. Ich versuche, ein paar Worte beziehungsweise Laute nachzusprechen und denke an Gottschalk. Nicht den legendären Talkmaster, sondern den Veterinär, der in Uwe Timms Roman „Morenga" als Mitglied der deutschen Schutztruppe zur Zeit der Erhebung der Herero und Nama nach Südwestafrika kommt und die Sprache der Nama erlernt. Gottschalk ist dabei zunächst weniger am praktischen Nutzen gelegen. Er erfreut sich vor allem an Worten, die reich an verschiedenen Schnalzlauten sind. Während der Truppentransporte bildet er Sätze wie „Die Mitternachtsmaus fliegt durch den Steppenwald der Teerosen" und treibt damit unvermittelt sein Pferd immer wieder an, was die Kolonne beinahe sprengt.

Hermanes tritt hauptberuflich nicht als Sprachnachhilfelehrer für Khoisansprachen auf den Straßen Swakopmunds in Erscheinung. Er kommt jetzt zu seinem Kerngeschäft und holt zwei kastaniengroße Nüsse aus der Tasche. Die Früchte der Makalani-Palme sind sehr hart, wie er durch einen heftigen Wurf auf den Boden vorführt, vor allem aber sehr geeignet für filigrane Schnitzereien. Auch das de-

monstriert er eindrucksvoll. Ein Zebra und ein Warzenschwein jagen um die Nuss, am oberen Rand ist ein freier Streifen. Hermanes fragt mich nach meinem Namen und setzt seinen Cutter flink dort an. Mein Vorname ist zu lang, ich sage ihm die Vornamen meiner Kinder. Während die Messerspitze über zwei Nüsse tanzt, erklärt er, dass ich gerne zwei weitere mit der Aufschrift „Namibia" mitnehmen könne.
Und der Preis?
Ja, ja, da werden wir uns schon einig, meint er und nennt das Fünffache von dem, was ich später in einem Souvenirgeschäft für vergleichbar geschnitzte Nüsse ausgewiesen sehe.
Wir einigen uns auf die Hälfte des von ihm geforderten. Ich frage nach der Narbe unter dem Auge, hat sie eine Bedeutung?
Er lacht: Nein, er ist nur beim Fußballspielen mit dem Kopf auf einen anderen gestoßen. Die Wunde wurde schlecht genäht.
Ich wiederhole die vier Schnalzlaute, wir verabschieden uns auf Khoekhoegowab. Ein paar Meter weiter steht das Marinedenkmal, gewidmet den „im Kampf zur Erhaltung der Kolonie gegen die aufständischen Hereros 1904 – 1905 Gebliebenen des Marine-Expeditionskorps. Ehre sei den bis in den Tod getreuen Gefallenen." Obenauf hält ein Soldat mit Gewehr im Anschlag Ausschau. Unter ihm liegt ein toter Kamerad, darunter werden die Gefallenen namentlich mit Dienstgrad auf einer Tafel aufgeführt. Mit dem Werk sind in der Gegenwart nicht alle einverstanden, wie die roten Spuren eines geworfenen Farbbeutels belegen. Eine Rückführung des Nationalen Denkmals nach Deutschland wurde von der namibischen Regierung abgelehnt. Der Umgang damit ist offenbar kompliziert. Kompliziert war wohl auch die Situation für die auf der Tafel erwähnten Soldaten. Sie bekamen eine Broschüre mit, die eine Anleitung für den Umgang enthielt: „Für die Behandlung des Eingeborenen ist maßgebend, dass er nicht auf die gleiche Stufe mit dem Weißen gestellt werden darf und als ein noch nicht mündiges Glied der menschlichen Gesellschaft betrachtet werden muss." Die Sichtweise der deutschen Verwaltung tritt ferner im Schriftverkehr zwischen dem „Gouvernement von Deutsch-Südwestafrika" und dem Auswärtigen Amt 1907/1908 zu Tage, den Timm in „Morenga" abdruckt. Der Kaiserliche Bezirkshauptmann berichtet „gehorsamst", dass eine weitere

Einschränkung der Prügelstrafe als die Absenkung auf 10 Hiebe nicht geboten sei, da sie die einzige Strafe sei, die der Eingeborene als solche empfinde: Sie entspreche seinem Anschauungs- und Auffassungsvermögen. Uneinigkeit gebe es jedoch bei der Vollstreckung der Hiebe, denn die Nilpferdpeitsche reiße Löcher in die Haut an Stellen, die schwer zugänglich seien, berichtet ein Stationsleiter, nach eigenen Worten ein Freund der Prügelstrafe, aber: „Der Verletzte bedarf des Gesäßes zum Sitzen, die Wunde wird schmutzig, eitert, und der Gezüchtigte bleibt wochenlang arbeitsunfähig. (…) Wie so anders die Züchtigung mit dem Tauenende. Der Missetäter fürchtet sie sicher ebenso wie mit dem Kiboko. Aber die Folgen sind bei weitem nicht so schwer, sie sind milder, menschlicher und doch von pädagogisch nachhaltiger Wirkung."

Dagegen wendet ein anderer Experte aus dem Amt ein: „Es ist zuzugeben, dass ein Tauende die Haut mehr schont (…) Ein Tauende macht aber – und zwar je dicker das Tau ist um so mehr – leichter Verletzungen in der Tiefe, und auf die Verletzungen tieferer Organe, besonders der Leber, sind mit größter Wahrscheinlichkeit die auf körperliche Züchtigungen folgenden Todesfälle zurückzuführen." Zwar würden sich die Todesfälle vermeiden lassen, wenn man mit Sicherheit die Hiebe auf die Hinterbacken und eventuell den oberen Teil der Oberschenkel beschränken könnte. Trotz aller darauf hinzielenden Vorschriften würden sich aber bei dem „außerordentlich beweglichen und nicht ganz sicher zu dirigierenden Tau" Schläge, die nach vorne herüberwippen, nicht ausschließen lassen, weshalb gar nichts anderes übrig bliebe, als künftig ein Instrument wie den Kiboko zu wählen.

Sehr präzise wird die Wirkungsweise der Nilpferdpeitsche beschrieben, die bereits zur Zeit der Kongogräuel in der Privatkolonie des belgischen Königs Leopold II. ausgiebig eingesetzt wurde. Um die steigende Nachfrage nach Kautschuk erfüllen zu können, erlegte man den Kongolesen Lieferquoten und -fristen auf: Als Druckmittel wurden unter anderem die Frauen der Arbeiter in Geiselhaft genommen. Im schlimmsten Fall erfolgte bei Nichterfüllung der Quote die Tötung der Geiseln. Mildere Strafen waren das Abhacken der Hände oder eben der Einsatz der Nilpferdpeitsche.

Der Rebellenanführer Morenga wird in dem Buch einmal gefragt, warum er denn bis zum letzten Mann weiterkämpfen wolle, wisse er doch, dass das deutsche Militär letztendlich überlegen sei. Er antwortet: Damit *ihr* und *wir* Menschen bleiben können.

Unweit des Marinedenkmals wurden die Gesetze und Verordnungen aus Deutschland angewendet, in einem mit Türmchen und Giebeln geschmückten gelben Gebäude mit der Aufschrift „Altes Amtsgericht". Ursprünglich als Schule geplant, gingen die Geldmittel bei der Errichtung aus. Als – offenbar günstigeres – Gerichtsgebäude wurde es 1908 fertiggestellt. Gegenüber der Sommerresidenz des Präsidenten empfängt das Café Anton in einer schlichten Eleganz seine Besucher. Ich bestelle bei der dunkelhäutigen Bedienung „Apple Pie". Sie fragt, ob ich „außer dem Apfelkuchen" noch etwas möchte. Auf Nachfrage erzählt sie mir in fließendem Deutsch, wo ich die Post finde und wie lange diese heute geöffnet habe. Als Stefan kommt, stehen Apfelkuchen und Cappuccino bereits vor mir. Ich erzähle ihm von Hermanes, dem Denkmal und dem Alten Amtsgericht. „Die Kolonie war auch wirtschaftlich von Deutschland extrem abhängig. Die Befürchtung Bismarcks, dass die Kosten aus Sicht des Reiches in keinem Verhältnis zu dem Nutzen stehen, war nicht ganz unbegründet", sagt er.

Doch im Kolonialfieber blühten andere Visionen. Die deutschen Kolonialgesellschaften sahen es nach ihrer erklärten Zielsetzung als eine patriotische Pflicht, „unterentwickelte, rückständige Länder zu zivilisieren und kultivieren". Zudem versprachen sie sich Unmengen an Rohstoffen und Wertsteigerungen erworbener Ländereien. Wie Timm aus einer Gesellschaftsversammlung zitiert, sei aus deren Sicht das Ausmaß der Investitionen zum Kauf „einiger Töpfe, Gewehre, Glasperlen und größerer Mengen Branntwein", die man für den Landkauf und das Ködern der „Wilden" bräuchte, überschaubar. Die Wirtschaft und die Investitionen der Gegenwart beschäftigen die Allgemeine Zeitung, in der Stefan blättert. Der namibische Finanzminister Schlettwein bewertet ein Angebot als zu gut, um wahr zu sein. Investoren wollen in Namibia Projekte im Wert von 40 Milliarden N$ (etwa 2,5 Milliarden Euro) finanzieren – ohne Gegenleistung. Bedenkt man, dass das Bruttoinlandsprodukt des gesamten Landes im letzten Jahr unter 14 Milliarden US-Dollar lag, ist dieses

Angebot umso bemerkenswerter. Einer der Investoren entrüstet sich angesichts Schlettweins Zurückhaltung. Er habe dem Finanzminister das Angebot bereits per WhatsApp geschickt, aber keine Reaktion erhalten. Bis dato war ich erstaunt, wenn in Gerichtsakten als Beweismittel für komplexe Vereinbarungen WhatsApp-Korrespondenzen vorgelegt wurden, in denen teilweise ein spezieller Schreibstil gepflegt wird. Ob auch die Investoren bei ihrem Angebot von Emojis und Wortfetzen Gebrauch machten, weiß ich nicht. Aber der gewählte Weg mag die Bedenken des Finanzministers verstärkt haben.

Auf der Titelseite werden ein paar handfeste Vorfälle vermeldet, etwa die Vergiftung eines Löwen bei Sesfontein. Drei Personen wurden festgenommen. Sie machten es den Ermittlern laut Unterüberschrift nicht allzu schwer, denn die „Fußspuren der Täter führten direkt zu ihrem Haus". Das Tatmotiv wird nicht mitgeteilt. Allerdings weist das Ministerium darauf hin, dass es Farmern nicht gestattet sei, „die Dinge selbst in die Hand zu nehmen". Auch der evangelische Pastor am Tisch gegenüber studiert die Allgemeine Zeitung und wird im Sportteil lesen, dass Miroslav Klose bei jungen Fußballern „die Hingabe vermisst".

Ja, früher war natürlich manches besser, aber der Umgang der Menschen miteinander nicht unbedingt friedlicher. Auf der 50-N$-Note, mit der wir bezahlen wollen, wird an Hendrik Witbooi erinnert, der sich als Kaptein der Orlam an der Rebellion der Nama beteiligte. Anders als die Herero führte er gegen die Deutschen einen Guerillakrieg. Davor bekriegte er selbst hartnäckig die Herero und unterstützte die Deutschen zunächst im Rahmen einer vertraglich vereinbarten Heerfolge mit Soldaten bei der Niederschlagung des Hereroaufstandes.

Wie friedlich und freundlich blickt dagegen das Konterfei auf Stefans Geldschein. Nelson Mandela, der sich (jedenfalls als Präsident) unermüdlich für Versöhnung und Vergebung einsetzte, ziert den Schein.

„Warum ist da ein Südafrikaner?", fragt mein Bruder.

„Weil es Südafrikanische Rand sind." In Namibia wurde zwar drei Jahre nach der Unabhängigkeit von Südafrika der Namibia Dollar eingeführt, zugleich aber der Kurs an den Rand gekoppelt und dieser

als legales Zahlungsmittel anerkannt. Und so ist mit Mandela auf der 200-Rand-Note hier ein Friedensstifter im Umlauf, der auch in den Geschäften gern gesehen wird, etwa im Shop neben dem Café Anton. Die Verkäuferin erzählt uns beiläufig in kurzen deutschen Sätzen, sie vertrage das kaltfeuchte Wetter Swakops nicht, ab November sei sie weg. In Deutschland zu leben sei keine Option. Sie habe eine Tochter in München, bei der sie ein Jahr gewohnt habe. Die Berge und Seen seien ja schön, aber es gebe in Deutschland „so viele Menschen". Wie in Windhoek – das sei mittlerweile ein Moloch.
Wo sie denn dann leben wird, frage ich.
„Ich werde mit einer Freundin eine Farm betreiben und Boerewors herstellen. Wir müssen nur noch das richtige Rezept finden."
Stefan und ich starten nun ein demgegenüber kleines, aber nicht unbedingt besser kalkulierbares Abenteuer: Wir geben unsere Postkarten auf. Eine von mir geschriebene Karte aus Ecuador irrte lange durch die Welt, zwei aus Portugal brauchten sechs Wochen, einige aus Italien kamen nie an – für das südliche Afrika könnte man jetzt voreilige Schlüsse ziehen. Um es vorwegzunehmen: sie wären allesamt falsch. Vermutlich arbeitet die namibische Post so gelassen-professionell wie der junge Herr am Schalter, den mein Bruder zunächst nach der Briefmarkenauswahl fragt. Von den Vogelmotiven nicht restlos überzeugt, sagt mein Bruder: „Ich hätte gerne die mit dem Löwen."
„Das ist eine Hyäne."
„Oh. Na dann doch die mit dem Vogel."
Auch im „Superspar" neben dem Postamt wird sich keiner der Stammkunden beklagen. Im Hinblick auf die importierten Produkte hält der Markt zwar nicht, was sein Name verspricht, doch bezüglich Auswahl und Sauberkeit würde man in Deutschland eine Weile nach Vergleichbarem suchen müssen.
Wir verlassen die moderne Konsumwelt und reisen zurück zu Zeugnissen kolonialer Baukunst wie dem alten Bahnhof, dessen spitzer Pyramidenturm vom Burgenspezialisten Wilhelm Sander konstruiert wurde. Innen allerdings finden ein Luxushotel, ein Casino und teure Geschäfte (also doch wieder der Konsum) ihren Platz. Den Verwendungszweck beibehalten haben hingegen die Gebäude der „Deutschen Schule" (jetzt Namibian High School) und der evange-

lisch-lutherischen Kirche. Ein Schild am neobarocken Gotteshaus lädt den Besucher ein mit den Worten: „Suchen Sie eine Zeit der Besinnung oder möchten Sie unsere schöne Kirche besichtigen?" Im Schaukasten nebenan wird auf die bevorstehende Singwoche, den Bücherverkauf im Haus der Jugend, das Gemeindefest und die vielfältigen Aktivitäten der evangelischen Jugend an der Küste hingewiesen. Wäre der genannte Veranstaltungsort nicht Omaruru sondern Nordstrand, könnte man meinen, vor dem Aushang einer Gemeinde an der Nordseeküste zu stehen.

Wir schlendern die Einkaufsstraße Richtung Meer entlang und auch beim Blick in die Schaufenster ist die deutsche Heimat nah. Ein Bayern-München-Trikot hängt aus, passend dazu wird der Audi-Cup übertragen. In der Adler-Apotheke ist das Eröffnungsplakat aus dem Jahr 1909 ausgestellt, in dem der angehende Besitzer Emil Kiewitt „ergebenst" die bevorstehende Eröffnung mitteilt. Zu dieser Zeit stand bereits das Woermannhaus, benannt nach dem Betreiber der damals größten Schifffahrtslinie, die ab 1894 hier einen Stützpunkt hatte. Ihrer Bedeutung entsprechend wurde ein herrschaftliches Fachwerkgebäude errichtet, das man mit „Haus" nur unzureichend beschreibt. Den ruhigen Innenhof säumen romanische Rundbögen und Kachelschmuck. Am besten gefallen meinem Bruder die zwei Sinnsprüche, die in großen Lettern vom Dachgesims aus nach unten mahnen: „IN DIESEN MAUERN MÖG EINTRACHT DAUERN" und „JEDER LASSE HIER ZWIETRACHT VOR DER TÜR".

„Das ist ein guter Leitspruch für Familien. Ich glaube, an den werde ich immer wieder mal erinnern", grinst er. Ob er in den entsprechenden Momenten stets die gewünschte Wirkung entfalten wird, bezweifle ich.

Für die ganze Familie hält das Woermannhaus nicht nur Weisheiten und eine edle Innenausstattung mit Deckengemälden und Täfelungen bereit, sondern auch eine Bücherei mit breit gefächertem Angebot. Ein großer Raum ist allein der deutschsprachigen Literatur gewidmet, von Hans Habe über Thomas Mann bis hin zu vermutlich allen Werken Konsaliks (wie ich sehe, sind das nicht wenige) kann man sich durchschmökern. Es gibt speziell Bücher „für die Jugend", in diese Ecke hat es Tommy Jaud geschafft. Der größere Genuss wartet aber oben auf dem Damara-Turm. Er sollte, wie auf einem in die Jahre gekommenen, gerahmten Informationszettel zu lesen ist, einerseits Repräsentationszwecken, andererseits als Orientierungspunkt für Schiffe dienen. Außerdem konnten die Angestellten die Ankunft der Schiffe vermelden. Der Blick reicht weit zum Meer hinaus und auf der anderen Seite in die Wüste hinein. Und der Blick auf das von Wasser und Sand umgebene Swakopmund mit seinen breiten Straßen, seinen großen, alten zwei- oder maximal dreigeschossigen Häusern ist ebenfalls nicht der schlechteste. Den Woermanns, laut Infozettel „wirklich königliche Kaufleute", lag daran, an „Grosszügigkeit" die anderen Häuser in Windhoek zu übertreffen, um das Ansehen der Firma zu heben. Das Gebäude muss umso beeindruckender gewirkt haben, als es „um 1900 in Südwest so gut wie nichts von dem, was für den Aufbau eines Neulandes nötig war", gab. „Nahrung, Kleidung, Werkzeug und alle Materialien mussten über See eingeführt werden, teils vom Kap und meist von Deutschland." Die Woermanns schafften das herbei, „vor allem alles, was ein Ochsenwagen nötig hatte".

Nicht ganz so lange wie der Prachtbau existiert „Peter's Antiques" in der Tobias-Hainyeko-Street. Allerdings geben die dort geführten Bücher ebenfalls aufschlussreiche Perspektiven aus der Vergangenheit wieder. Etwa erklärt das Werk „Deutsche Kolonien", Erstausgabe 1936, hier in einer Neuauflage aus dem Jahr 1997, die Rückgabe der Kolonien zu einer Frage der nationalen Ehre. General von Trotha wird Respekt dafür gezollt, dass er die Herero „entscheidend schlug", so dass diese „für immer die Waffen streckten." Die Nama werden immerhin militärisch gewürdigt, wenn auch unter der veralteten, abwertenden Bezeichnung: „Schwieriger war es, die Hottentotten wieder zur Anerkennung der deutschen Herrschaft zu bringen, da sie es meisterhaft verstanden, die Schwierigkeiten der Felsen- und Trockengebiete gegen die Schutztruppe auszuspielen und sich stets dem entscheidenden Schlag zu entziehen. Sie kannten Weg und Steg und vor allem jede Wasserstelle und waren überdies mit den modernsten Waffen ausgerüstet, so waren sie in dem riesigen Lande den an den Buschkrieg nicht gewöhnten Europäern weit überlegen."

Dass die kleine Buchhandlung keine Keimzelle imperialistischen Gedankenguts ist, sondern eine sehr große Bandbreite literarischen

Schaffens vorhält, beweist das in unmittelbarer Nähe stehende Werk „The Kaisers Holocaust – Germany's forgotten Genocide".

Mein Bruder findet einen Artikel im ausliegenden, aber unverkäuflichen Namibiamagazin aus dem Jahr 2011 mit „Erinnerungen an Henno Martin". Martin arbeitete nach dem Krieg zunächst als Geologe für die südwestafrikanische Mandatsregierung, danach als Professor in Kapstadt, Brasilien und ab 1965 in Göttingen. Mit jungen Wissenschaftlern der Universität kehrte er in den Kuiseb-Canyon zurück, aß Giftzähne von Puffottern, weckte morgens ungeduldig die Langschläfer und konnte nicht verstehen, wie man einen Campingstuhl einem Felsbrocken als Sitzgelegenheit vorziehen kann. Vor allem jedoch weckte er bei seinen Begleitern im Rahmen der Exkursion die Begeisterung für die Wüste.

Die Begeisterung Stefans ist nun auf die Geschäfte in der Nujoma Avenue gerichtet. Wir trennen uns und vereinbaren als Treffpunkt die Jetty. Als ich dort versuche, den Landungssteg in der Brandung möglichst spektakulär mit dem Smartphone festzuhalten, bleibe ich nicht lange allein.

„How are you?"

„Fine." Ich bin beschäftigt, deshalb keine höfliche Gegenfrage.

„I'm from Damaraland. We use four clicks there."

Er schnalzt sie vor, nicht ganz so laut wie Hermanes, möglicherweise schlucken die Wellen seine Klicks auch ein wenig. Ich ahne, was folgt.

„In Africa we shake hands like this." Das ist neu.

Er drückt leicht meine Hand (zu fest gilt als unhöflich), umfasst meinen Daumen und drückt wieder leicht die Hand.

„I am Michael."

„Sebastian. Nice to meet you."

Und schon baumeln die geschnitzten Makalani-Nüsse vor meinen Augen. Sofort liest er von meinem Gesicht ab, dass es mit der Kaufbereitschaft nicht weit her ist. Deshalb legt er nach, er habe eine große Familie, aber nur wenig Geld.

„Pass auf", sage ich, „ich habe schon vier gekauft, das sind genug für meine zwei Kinder. Mein Bruder kommt noch, ich werde dich empfehlen. Aber es kann sein, dass er vorher von deinen Kollegen abgefangen wird und sie ihm einige verkaufen. Man entkommt euch hier einfach nicht."

Er lacht. „Okay, my friend."

Stefan hat sich tatsächlich bereits mit geschnitzten Nüssen eingedeckt. Er staunt über die fünf Meter hohen Wellen, die an den Pfeilern brechen. „Wollen wir wirklich da vorgehen?", fragt er.

Das ist der Plan. Das Restaurant am Ende des Landestegs wurde in den letzten Jahren nicht weggespült. Es wird den heutigen Abend überstehen. Wir legen uns gegen den Wind, springen beiseite, wenn Wasser nach oben spritzt und erreichen halbwegs trocken das Ende des Stegs. Den Vögeln sind die Böen mittlerweile zu stark, um vergnügt durch die Luft zu segeln. Sie kämpfen gegeneinander um die windgeschützten Stellen. „Jetty 1905 is much more than a restaurant, it's a landmark!" Dieser Eingangssatz auf der Karte zeugt von keinem kleinen Selbstbewusstsein. Es ist allerdings ein Schmuckstück, das wir als erste Gäste an diesem Abend betreten. Wir sitzen quasi im Meer, das wir in fast jede Blickrichtung durch Glasscheiben sehen. Ob wir lieber draußen Platz nehmen wollen, fragt der Kellner grinsend.

Erst einmal nicht. Während wir bestellen, rollt eine riesige Welle an, der Steg wackelt, Wasser klatscht an die Scheibe. Die schwarzen Vögel können von ihrem Stahlträger gerade noch wegfliegen, bevor sie erfasst werden. „Wir wollen doch draußen essen", sage ich, „aber nur, wenn Sie bereit sind, uns Gesellschaft zu leisten."

Er lacht, ach, der Platz hier sei auch ganz schön.

Rumms. Die nächste Welle kracht gegen die Pfeiler, das Lokal wackelt leicht. Unter uns rauscht das Wasser weiter. Die Vögel nehmen nach Hackordnung wieder auf den Stahlträgern Platz. Der Kellner schenkt uns elegant Wein ein.

„Was steht für morgen auf dem Plan?", fragt Stefan.

Ich habe daran gedacht, die Küste entlang bis Cape Cross zu fahren, wo der Portugiese Diego Cão 1486 als erster Europäer an Land ging und ein Steinkreuz errichtete. Heute ist der Ort als Robbenreservat bekannt. Bis zu 250.000 Tiere sollen dort leben, da der nährstoffreiche Benguelastrom große Fischschwärme anzieht. Da sie aber deutlich mehr Fische aus dem Wasser holen als die gesamte namibische Fischindustrie, werden sie zwischen Anfang August und Mitte

November an einzelnen Tagen, an denen der Strand gesperrt ist, gejagt. Die dafür verwendeten Begriffe (von der befremdlich klingenden „Robbenernte" über das englische „Culling" bis hin zum bürokratischen „Regulieren") divergieren ähnlich wie die Bewertung der Art und Weise des Schlachtens. Dass die Jagd zur Vermeidung einer Überpopulation notwendig ist, hat die größte namibische Tierschutzorganisation inzwischen anerkannt. Würden wir morgen fahren, wären wir vor Beginn der Jagdsaison da. Allerdings soll es dort sehr laut und geruchsintensiv sein. „Das stört mich weniger", sagt Stefan. „Die Frage ist, ob der Umweg nicht zu weit ist." Wir vollziehen die Strecke auf der Karte nach. Statt 150 Kilometer, hätten wir über 360 Kilometer, davon ein Drittel auf einer Straße, die auf einigen Plänen nicht einmal eingezeichnet ist. Wir sind uns einig, weniger ist mehr.

Das Sonnenlicht spiegelt sich in einer Linie auf dem Wasser, nur von den großen Wellen wird sie unterbrochen. Richtung Küste wandelt sich das Goldgelb des Horizonts in ein weiches Rot. Auf unserem Tisch stehen „Sundowner", Drinks, die man zur untergehenden Sonne genießt. Vor unseren Augen verschwindet sie langsam im Meer, die Deckenleuchter über uns schwingen sanft im Rhythmus der Wellen. Die Ästhetik dieses Moments und die Kraft des Meeres machen uns dankbar.

Sechs

Swakopmund – Spitzkoppe

„Unvergeßlich sind mir solche Spaziergänge am Abend bei herrlichem Mondschein und Sternenhimmel, wenn Ruhe und Kühle auf der Natur lagen und überall lustige Feuer aus den Werften herüberschimmerten."

Else Sonnenberg

„Im unwirtlichen wüstenhaften Nordwesten warten einige der unglaublichsten Landschaften entlang ruppiger Pisten auf diejenigen, die es abenteuerlich und wild mögen. Reisende sind hier völlig auf sich gestellt. Die einzige Sorge gilt der Frage, ob das Fahrzeug die Tour unbeschadet überstehen wird.“ Diese Einschätzung des lonely planet verspricht viel für den heutigen Tag, wobei man relativieren muss: Der Nordwesten Namibias ist groß und die Skelettküste wohl wesentlich rauer als das südliche Damaraland.

Doch zunächst gehen wir auf komfortablen Pflastersteinen in den behaglichen Frühstücksraum, wo uns der Koch aus dem Norden freudig entgegeneilt. Nach dem üblichen inhaltsgleichen Begrüßungssingsang, frage ich ihn, wie er heißt.

„Justus“, sagt er weiterstrahlend, das sei aus dem Lateinischen und stehe für Gerechtigkeit.

„Ein starker, häufig verwendeter Begriff“, nicke ich. Er überlegt kurz, ob er das vertiefen will. Dann aber fragt er lediglich, ob wir Eier mit Speck wollen. Mein Bruder bejaht. Justus macht sich ans Werk, kommt kurz darauf zurück, wir tauschen uns über die Familienverhältnisse weiter aus. Auch wenn wir uns hier wohl fühlen, überwiegt die Vorfreude, was der Tag Neues bringen mag – nach einer herzlichen Verabschiedung zunächst einmal eine eigenwillige Verkehrsregelung. Wir halten am Stoppschild einer Kreuzung. Zeitgleich kommen Fahrzeuge aus den anderen drei Richtungen vor Stoppschildern zum Stehen. Vier Fahrer winken. Die anderen bleiben stehen, wir tasten uns in die Kreuzung. Vielleicht halten die anderen wegen unseres Dachaufbaus Sicherheitsabstand und lassen uns passieren.

Bevor wir die Stadt verlassen, will ich Geld abheben. Es gelingt weder am ersten Automaten noch am zweiten. Ist etwas mit der Karte? Während ich die dritte Bank betrete, ruft mich ein Bekannter aus Deutschland an. Ich nehme nicht an, schreibe nur zurück: „Bin in Namibia“. Der Automat gibt mir das Geld. „Hab einen Termin bei der Staatsanwaltschaft Bamberg und wollte dich besuchen“, schreibt er zurück.

„Es ist, denke ich, auch deshalb so ein entspannter Urlaub, weil nicht permanent irgendjemand etwas von mir möchte", sagt Stefan. „Wir sind dafür einfach zu weit weg." Ein paar Minuten später klingelt sein Smartphone. Seine Tochter fragt ihn nach seiner Schuhgröße. Sie stehe gerade mit der Mutter in einem Schuhgeschäft und sie hätten ein schönes Paar gesehen.

Vielleicht ist es ganz gut, dass wir ab heute Nachmittag in der Wildnis sind, ohne Telefonnetz, mit „WC ohne Wasserspülung" (so die Reiseunterlagen).

Kurz nach Swakopmund sehen wir einen fehlgeschlagenen Versuch, die Zivilisation in die Wildnis zu bringen. Der schwarzen „Martin Luther" wurde ein kleines, exklusives Museum errichtet, in der das restaurierte Ungetüm in altem Glanz bestaunt werden kann. Daneben beweist der Staat auf der perfekt asphaltierten B 2, dass man auf den richtigen Routen gegenwärtig nicht mehr steckenbleiben muss. Rechts zieht der Swakop ein grünes Band, daneben verlaufen Stromleitungen und eine Pipeline. Mit 120 km/h schnurren wir durch die Wüste. Die breite Straße motiviert auch andere. Der Fahrer eines entgegenkommenden großen Trucks versucht auf der Geraden, einen etwa gleichschnellen Kollegen zu überholen, was wir eine Weile bestaunen. Die zwei schenken sich nichts und selbst die endlos scheinende Strecke reicht als Überholweg nicht aus. Stefan geht vom Gas, drückt erst vorsichtig, dann stärker auf die Bremse. Er zieht nach links in den Sand. Die Trucks donnern hupend vorbei. Viel Spielraum haben sie nicht. Ein solches Fahrmanöver sehen wir hier zum ersten Mal. Vielleicht liegt es an der Hitze. Nach kühlen Tagen in Swakopmund sehen wir wieder die Luft flirren und spiegeln.

Links von uns verläuft die Eisenbahnschiene des „Desert Express". Die zweite Hälfte des Namens weckt falsche Vorstellungen. Er fährt mit einer Geschwindigkeit von 30 – 60 km/h, braucht von Windhoek nach Swakopmund 22 Stunden, „mit Tierbeobachtungen", wie es im Reiseführer steht. „Das hier ist der Desert Express". Stefan klopft auf die Armatur des Nissan. Recht hat er. Und ausgebremst werden wir auch nicht mehr. Die großen Lastwagen, die uns entgegenkommen, bleiben auf ihrer Spur. Möglicherweise diszipliniert die Fahrer das Gefahrengut, das sie laut Kennzeichen transportieren. Und vielleicht ist die Straße gerade wegen dieser Fracht so gut ausgebaut. Wir passieren die Rössingmine, die als größter Urantagebau der Welt gilt. Um noch mehr Superlative aufzufahren: Die Rössing Uranium Limited ist mit 2.500 Beschäftigten einer der größten Arbeitgeber und nach der Diamantengesellschaft NAMDEB der größte Steuerzahler des Landes. Jede Woche werden eine Million Tonnen des uranhaltigen Alaskitgesteins gesprengt. Ungewöhnlich ist zudem, wie die Mine präsentiert wird, man kann sie nämlich besichtigen, sich bei einem Rundgang wissenschaftliche Zusammenhänge erklären lassen und – da kommt der Spaß nicht zu kurz – als „Flying Fox" an einem gespannten Seil vom Rössingberg hinab in die Tiefe stürzen. Neben Spaß, Beschäftigung und Steuern wird in der Mine eine Menge radioaktiver Staub freigesetzt, den die Betreiber mit Wasser in den Griff zu bekommen versuchen. Viel Wasser, etwa so viel wie die ganze Hauptstadt zeitgleich verbraucht, was die raren Grundwasservorräte weiter reduziert. Und daran wird sich in Zukunft voraussichtlich nichts ändern. Es liegen noch gewaltige Mengen Uranerz unter der Erde. Wie ich in der Allgemeinen Zeitung gelesen habe, hat in diesem Monat die China National Uranium Corporation Limited 68 % der Rössing Uranium Limited übernommen, vermutlich nicht mit der Zielsetzung, ab jetzt dem Umweltschutz den Vorrang gegenüber den wirtschaftlichen Interessen zu gewähren.

Wir folgen der B 2 durch eine ausgedörrte Buschlandschaft bis Usakos, einer Gemeinde mit Bergbauvergangenheit. Das größte Gebäude ist der mittlerweile verfallene Bahnhof, neben dem eine alte Eisenbahn steht. 1912 in Kassel gebaut, fuhr sie bis 1960 auf der Strecke Tsumeb – Grootfontein. Jetzt gesellt sie sich als Relikt zu dem einst wichtigen Bahnhofsgebäude.

Von Bedeutung war auch Theo-Ben Guriab, ein Sohn dieser Stadt, SWAPO-Aktivist, erster Außenministers Namibias, Präsident der Generalversammlung der Vereinten Nationen und schließlich namibischer Premierminister. Nach ihm wurde die Straße benannt, in der wir vor dem „Khan Village Café" halten. Gegenüber grillt ein Mann mit einem Kind auf dem Arm, Schüler schlendern nach Schulschluss mit ihren Uniformen vorbei und ein etwa zehnjähriger Junge, der es sich auf der Mauer neben unserem Auto gemütlich gemacht hat, winkt uns.

„Your lights!", er deutet auf die Scheinwerfer. Ah, die haben wir vergessen. Ob er auch die nächste halbe Stunde ein Auge auf das Auto wirft, fragen wir ihn.
„Sure!", er grinst.
„Hallo! Da geht's rein!", weist uns ein Weißer im strammen Deutsch den Weg ins Café, ein braunes Backsteingebäude mit großen, sauberen Fenstern. Der Cappuccino ist ausgezeichnet, dazu haben wir einen guten Blick auf das in der Wildnis liegende „Usakos Sport Stadium", dessen Auslastung schwer schätzbar ist: Der betonierte Tennisplatz hat kein Netz. Der staubige Fußballplatz muss ohne grünen Bewuchs auskommen, hat aber eine kleine Besuchertribüne, hinter der sich eine Wellblechhütte verbirgt. Davor sammeln sich an der Straße Tramper, darunter ein weißes, älteres Ehepaar mit vielen Plastiktüten. Die Tramper und anhaltenden Fahrer wirken allesamt entspannt und freundlich wie unser minderjähriger Autowächter. Ich gebe ihm 5 N$, er nickt ganz gelassen, wünscht uns „Gute Pad!", winkt und grinst dann schlitzohrig. Wir fahren auf der B 2 ein Stück zurück, vorbei an einer neuen, großen Tankstelle, die neben einer winzigen Wellblechhütte in der Sonne glänzt. Nach rechts zweigen wir ab Richtung Spitzkoppe.
„Endlich eine D", seufzt mein Bruder erleichtert. Nach zwei Kilometern ist er enttäuscht: „Das ist doch eine Luxusstraße." Weitere drei Kilometer später erweist sich seine Sorge als unbegründet. Das „Wellblech" wird lediglich von den Schlaglöchern unterschiedlicher Größe unterbrochen. Am Rand sehen wir Äste, die mit Plastikfolie zu winzigen Unterkünften mit Verkaufsständen zusammengesteckt wurden. Kinder in abgetragenen, zerschlissenen Kleidern bieten selbstgebastelte Traumfänger und Tierfiguren aus Blech zum Verkauf an.
Vor uns ragt das „Matterhorn Namibias" mit schroffen Wänden in die Höhe. Anders als der Berg in der Schweiz leuchtet es braun, ist aus Granit und nicht ganz so steil. Und – wenn ich schon bei den Unterschieden bin – es sind zwei Gipfel: Die Kleine (1.557 Meter) und die Große Spitzkoppe (1.728 Meter). Daneben erheben sich kleinere Inselberge. Wir durchqueren eine Wellblechsiedlung, die an einen hohen stacheldrahtgesicherten Zaun grenzt, der das Camp einschließlich der Berggruppe umgibt. Ja, sagt die nette, uniformierte

Rezeptionistin mit langen Fingernägeln, das Camp sei groß. Wir hätten freie Wahl, sollten aber in der Nähe bleiben, damit wir nicht ständig das Auto bräuchten.
Der Begriff „Nähe“ bedarf hier der Erläuterung. Der erste Platz ist laut Plan etwa eineinhalb Kilometer von der Dusche beziehungsweise Spüle weg. Wir finden weder ihn noch einen anderen Gast, der „in der Nähe“ ein Zelt aufgestellt hat. Langsam tasten wir uns an großen Granitblöcken entlang durch dorniges Gestrüpp und Sand. „Old Graves“ heißt der Platz, den wir schließlich am Fuße eines Berges finden. Direkt an einem Felsen schlagen wir unser Lager auf. Es ist heiß und trocken, ein scharfer Kontrast zu Swakopmund, das wir am Morgen verlassen haben.
Auf einem vertrockneten Baum sitzt ein Vogel mit gebogenem Schnabel, der auch nicht weicht, als ich näher komme. Vermutlich überwiegt die Freude an der Gesellschaft. Wir lassen ihn zurück und gehen auf die markanten Erhebungen zu. Es wird nicht einfach, die höheren Berge zu besteigen, die Granitbrocken sind teilweise riesig. Vor über 130 Millionen Jahren kam das Gestein aus dem Erdinneren nach oben, kühlte ab und hielt in den folgenden Jahrmillionen der Erosion stand, während die Umgebung abgetragen wurde. Um abzukürzen steigen wir an einer flacheren Stelle auf den „Rock Pool“, eine kleinere Formation. Der Grip ist erstaunlich gut. Der Windschliff lässt die Steine außen glatt erscheinen, die Oberfläche ist aber – wie ich jetzt merke – rau. Davon überrascht, mit aufgestautem Bewegungsdrang nach einer langen Fahrt und beflügelt vom Ausblick rauschen wir in 20 Minuten nach oben. Wir sehen die Pools, flache Vertiefungen im Gestein, in denen sich das Wasser sammelt, wenn es einmal regnet. Das kommt nicht häufig vor. Aber die Vorstellung gefällt mir. Ich ziehe das T-Shirt aus, Stefan fotografiert mich, als hätte ich das exklusivste Naturbad Namibias.
Danach sitzen wir lange auf dem Gipfel. Der Wind streicht über uns. Rechts wird die Große Spitzkoppe angeleuchtet, unter uns liegen kleinere, durch Korrasion kunstvoll gestaltete Felsformationen wie die „Old Bridge“. Aus der hellen Ebene erheben sich kleinere rotbraune Felsen, die sich zu Hügeln verdichten und schließlich zur mächtigen Spitzkoppe. Grünbraune Büsche und Bäume punktieren die Landschaft. In der Ferne liegt ein dicht bewachsener Hügel mit

flachem, symmetrischem Anstieg. Er sieht aus wie das mächtige Rückgrat eines Tieres, das die Muskeln zusammenzieht.

Stefan steigt ab. Ich bleibe sitzen. Die Weite der Ebene wird nur durch mein Sichtfeld begrenzt. Der Wind lässt nach. Es ist vollkommen ruhig. Das Bild vor mir ist eingefroren. Die Stille fühlt sich für einen Moment übermächtig an.

Danach wächst wieder die tiefe Faszination angesichts dieser Schönheit. Kein Film und kein Bauwerk haben in mir jemals etwas Vergleichbares hervorgerufen. Wieder denke ich an die Menschen, die früher hier lebten, und an das, was das Land – bei allen Entbehrungen und allem Leid – für sie bedeutete. Rudolf Otto erzählt die Geschichte eines südafrikanischen Bauern, der mit einem studierten Mitreisenden auf einem Ochsenkarren stundenlang schweigend durch die sengende Hitze der Wüste fährt. „Ich wollte Sie schon länger einmal etwas fragen", sagt der Bauer langsam. „Sie sind ja gebildet. Und wenn man so allein ist hier im Veld, und die Sonne scheint so auf die Sträucher, so wie jetzt, kennen Sie das dann auch, diesen Eindruck, dass etwas spricht? Es ist nichts, was man mit den Ohren hören kann. Aber es ist, als würde man so klein, so winzig, und das Andere würde so groß. Und all das gewöhnliche Tagewerk in der Welt erscheint einem wie nichts."

Dankbar steige ich langsam ab. Zwei Kilometer von unserem Platz entfernt ist eine ummauerte Dusche ohne Dach. Während ich den Staub abwasche, sehe ich, wie das Licht der untergehenden Sonne sanft auf die Granitfelsen fällt. Ich gehe über die sandige Pad wieder zurück. Die Temperaturen sind milder als in Sesriem. Wir bereiten unseren Braai vor, das Kameldornholz hat Feuer gefangen und züngelt an dem Felsen hoch, an dem der Grill angebaut ist. Wieder essen wir schweigend mit Blick auf einen Sternenhimmel in einer tiefschwarzen Nacht.

Sieben

Spitzkoppe

„Ich bin Leben, das leben will, inmitten von Leben, das leben will."

Albert Schweitzer

Die kalte Luft legt sich auf mein Gesicht. Draußen zetern Vögel. Eingehüllt im Schlafsack öffne ich den Reißverschluss. Zwei schwarze Vögel picken abwechselnd die Fettreste von unserem Grill, beobachten sich gegenseitig argwöhnisch und schimpfen, wenn der andere zu nahe kommt. Mein Blick wandert weit nach oben. Die Sonne strahlt bereits die Spitze des Granitberges an. Über der Ebene liegt Dunst.

Nach dem Frühstück mache ich mich auf den Weg zum Abspülplatz. Es wird der längste Spülgang meines Lebens. Mit Tuch, Spülmittel und dem Geschirr stapfe ich auf der Pad vorbei an ausgedörrten Büschen durch die weite Wildnis. Ich kann nur mutmaßen, was dieses Bild bei einem Betrachter auslösen würde. Allerdings ist weit und breit keiner zu sehen. Nur ein kleiner Klippspringer kreuzt einmal meinen Weg. Weil sich unser Auto so perfekt in die Natur einfügt – das heißt von einem Felsen verdeckt wird – ist der Rückweg noch ein wenig länger.

„Eine Stunde für das bisschen Geschirr", grinst Stefan. Er hat die Aussicht genossen und in Jorge Bucays „Zähl auf mich" gelesen, in dem „der Dicke" Demian den Rat gibt: „Ich halte es für keine gute Idee, ein Beziehungsmodell zu entwickeln, das sich rund um eure Schwierigkeiten und fehlende Übereinstimmung drapiert. Einigt euch, auf welchen Punkt ihr in eurer Verbindung hinauswollt und zielt in diese Richtung."

Das ist auch ein guter Ansatz für den Tag. Wir wollen zum „Bushman's Paradise", um uns tausende Jahre alte Felsmalereien anzusehen. Davor sitzen wir im Schatten unserer Dachzelte, schauen auf Inselberge aus Granit, die grün-braunen Farbtupfer im „Veld" und trinken schweigend Tee. Ein schwarzer Vogel mit weißem Köpfchen hüpft auf gestreckten Beinen heran. Deb-deb-deb. Er hält inne, blickt uns an. Wir bleiben regungslos. Deb-deb-deb. Einen halben Meter von mir entfernt hopst er vorbei. Dann ist es wieder vollkommen still. Nicht einmal ein leichter Windzug ist zu vernehmen. Wie ein mächtiges Sandstrahlgebläse haben Wind, Sand und kleine Steinchen die Granitfelsen bearbeitet. Die wohl berühmteste geschaffene Skulptur ist die „Brücke", ein Felsbogen, der so ausgehöhlt wurde, dass wir unter ihm stehen können. Die Große Spitzkoppe durch die Brücke fotografiert ist eines der bekanntesten Fotomotive Namibias. Gleichwohl ist der Ort nicht stark frequentiert. Wir treffen lediglich auf ein Paar aus der Schweiz und einige Erdmännchen. Mittlerweile drückt die Sonne im Veld und ich nutze jeden schattenspendenden Busch oder Felsen. Zwischen Steinen huscht ein Klippschliefer davon. Er hat in etwa die Form eines großen Igels ohne Stacheln. Mit kurzen, schnellen Sprüngen scheint sein gedrungener Körper durch eine hohe Felsspalte mit steilen Wänden zu fliegen.

Wir suchen weiter nach dem „Small Bushman's Paradise". Der Plan gibt uns lediglich sehr grobe Anhaltspunkte. Deutlich spüren wir in der Mittagshitze die Größe des Gebietes. Seit zweieinhalb Stunden werden wir geröstet und hätten uns gerne mit den Felszeichnungen im Paradies belohnt. Es ist 14.15 Uhr. Die Rezeptionistin sagte gestern, der Guide sei bis 14 Uhr bei den bemalten Felsen. Ohne Führer dürfe man den abgesperrten Bereich nicht betreten. Doch wir sehen ihn nicht einmal.

Wir klettern auf einen Granithügel. Auch von oben erkennen wir keinen gesicherten Bereich. Zumindest fühlen wir einen Windzug und finden einen Felsen, in dessen Schatten wir uns ausruhen. Sofort ist es deutlich kühler. Wir schauen schweigend auf das Gebirgsmassiv. Weil die Wolken hier anders als im flachen Umland zumindest gelegentlich abregnen, können einige Pflanzen überstehen.

„Mit unserer Wanderung zur Mittagszeit haben wir es uns richtig gegeben", sagt Stefan. Ich nicke. In der Tat hätten wir unsere Suche zu einer anderen Tageszeit oder mit dem Fahrzeug schonender gestalten können, anstatt uns von der stechenden Mittagssonne austrocknen zu lassen. Andererseits bekommen wir so wieder eine leise Ahnung davon, was Menschen über Jahrtausende wegsteckten und wie weit entfernt wir von einer solchen Bewährung leben. Den Wunsch, die Kunstwerke dieser Menschen zu sehen, haben wir losgelassen. Langsam und gelöst machen wir uns auf dem Rückweg zum Stellplatz. Als wollte uns das Schicksal nur eine kleine Lektion erteilen, sehen wir auf einmal ein Schild vor uns: Small Bushman's

Paradise. Aus einem Busch kriecht ein uniformierter Guide hervor.
„Hello! I'm Michael. Can I help you?"
Wir würden gerne die Felsmalereien sehen, falls das noch möglich ist. Kein Problem, sagt er. Über dieses unerwartete Treffen scheint er sich mindestens genauso zu freuen wie wir. Er erklärt in flüssigem Englisch und zeichnet mit einem Stock Buchstaben in den Sand: „Khoi" bedeutet Menschen. „Sa" ist das Aufheben vom Grund, also das Sammeln. „Sab" heißt Frau, „Sas" Mann und „San" Gruppe.
Er hebt den Stock. Buschmänner sind Nomaden. Sie folgen dem Regen und den Tieren. Wenn es einmal regnet, blüht alles, dann verwandelt es sich in ein Paradies. Wenn eine Gruppe so groß wurde, dass das Wasser nicht mehr für alle reichte, teilte sie sich. Eine Gruppe bestand typischerweise aus etwa 25 Personen, manchmal aus bis zu 60.
„Bestand?", frage ich.
„Es gibt heute noch etwa 35.000 San in Namibia, davon leben aber nur 2.000 als Jäger und Sammler wie früher. Sie bauen Hütten aus Ruten, jagen mit vergifteten Pfeilen und teilen die wenigen Sachen, die sie haben."
Michael tritt zum Felsen. „Die San malten aus drei Gründen: Um zu warnen, zu kommunizieren und um Anweisungen zu geben. Manche Bilder sind bis zu 27.000 Jahre alt, diese hier 2.000 bis 4.000 Jahre."
Er deutet mit seinem Stock auf ein etwa 15 cm langes, rotbraunes Nashorn, einen halben Meter über dem Boden. „Das Rotbraun mischten sie aus Ockererde, dem Blut und dem Fett von Tieren. Das Weiß", er deutet auf ein Zebra, „ist aus dem Milchsaft von Bäumen und dem Urin des Klippschliefers. Sie zeichneten mit dem Finger, einer Feder oder dem Stachel vom 'Stachelschwein'." Er sagt das deutsche Wort.
„Hier seht ihr eine Anweisung", er deutet wieder auf das Nashorn, „was könnte das bedeuten?"
„Man soll sich vor Nashörnern in Acht nehmen?", frage ich.
Er lacht. „Nein, ein Nashorn braucht viel Wasser. In der Richtung, in die sein Horn zeigt, findet man Wasser."
„Und was sind das?", frage ich. Den Löwen und das Zebra kann man wie das Rhinozeros auf den ersten Blick gut erkennen. Es sind aber

noch zwei weitere Wesen mit vier Beinen und einem langen dünnen Rücken dargestellt.

„Das sind Buschmänner auf der Jagd. Die San sind nicht groß, höchstens 1,60 Meter. Auf der Jagd gehen sie oft gebückt oder auf allen Vieren. Zur Tarnung stülpen sie sich manchmal das Fell und die Hörner eines Tiers über und kriechen das letzte Stück an ihre Beute heran."

Auf einem weiteren Bild scheinen die San zu rennen. Michael nickt: „Hier jagen sie das Tier. Sie haben es mit einem Giftpfeil getroffen. Sie hetzen es, damit sich das Gift schneller im Körper verteilt. Dann schneiden sie die Stelle aus, in der der Pfeil steckt, lassen es ausbluten und beseitigen das restliche Gift, indem sie das Fleisch kochen."

Andere Personen springen wild durcheinander. „Sie tanzen", sagt unser Guide, „für eine erfolgreiche Jagd, den Schutz der Gemeinschaft und die Heilung von Wunden. Wenn sie sich dabei in Trance versetzten, waren sie halb Mensch, halb Tier. Die San", fährt er ohne Pause fort, „haben eine einzigartig hohe genetische Variation, sie haben die älteste Abstammungslinie. Erst vor 500 Jahren wurden sie von Bantuvölkern aus dem Norden und den Weißen, die aus dem Süden kamen, verdrängt. Die 2.000 San, die noch als Nomaden umherziehen, leben in der Kalahari. Bis zu 4.000 Kilometer laufen sie in einem Jahr bei ihren Jagdzügen."

Das lässt unser heutiges Pensum winzig erscheinen. Eineinhalb Stunden, einige durchquerte kleine Riviere, Antilopenhufabdrücke und Tierlosungen später kommen wir im „Restaurant" nahe des Campeingangs an. Auf alten Holzpaletten wurde mit Polstern und Kissen eine gemütliche Sitzgruppe unter einem Sonnensegel geschaffen. Ein Guide diskutiert neben der Küche mit zwei Bekannten. Weitere kommen hinzu. Die Begrüßungen laufen nach dem bekannten Muster ab. Stefan hat sich mit Bucays „Zähl auf mich" auf die Polster gelegt. Gelegentlich lacht er oder liest mir Passagen, meist eingeleitet mit den Worten „das ist gut!", vor. Ich schaue auf die Granitberge, die bereits Schatten werfen und trinke eine kalte Cola. Hier kann man es aushalten. Michael kommt noch einmal zu uns. Er wirkt unheimlich entspannt und fröhlich, wie auch die Angestellte des Restaurants. Ich bezahle mit einem 200 N$-Schein, wissend, dass ihr das nicht gefallen wird, weil das Wechselgeld überall knapp ist.

Aber die Bankautomaten geben nur solche aus, sage ich entschuldigend.

„Tssss. Was denkt die Bank sich nur?“ Sie schüttelt grinsend den Kopf.

„Ich weiß nicht, vielleicht wollen sie einfach nur die Angestellten des Restaurants in Spitzkoppe ärgern.“

„Das ist es.“ Sie lacht.

Wir gehen langsam zurück, machen Feuer, grillen, essen und sitzen in der Dunkelheit an der Glut. „Nicht mehr lange, und ich fühle wie ein Buschmann“, sagt Stefan lächelnd.

Acht

Spitzkoppe – Okahandja

„Is there a dresscode?"

Joan Otto

Fünf Vögel streiten sich am Grill und Campingtisch um das Frühstück. Jeder noch so winzige Brotbrösel wird von ihnen aufgepickt. Als ich die Leiter meines Dachzeltes hinuntersteige, haben sie alle Reste beseitigt.

„Dü dü dü dü", ruft ein entfernt sitzender.

„Dü dü dü dü", antworte ich.

Unser Gespräch setzt sich im Wechsel einige Male fort. Wir werfen den Ruf hin und zurück. Stefan blickt aus seinem Zelt: „Das ist ja unglaublich."

„Das habe ich im Regenwald Ecuadors ein paar Mal geübt. Es hat immer so lange geklappt, bis ich eine Silbe wegließ."

„Dü dü dü dü", rufe ich wieder. Die Pause war zu lange. Mein Gesprächspartner antwortet nicht mehr. Er ist ähnlich sensibel wie seine colegas in Südamerika.

„Wir leben hier im Einklang mit der Natur. Die Vögel essen die Reste weg. Du sprichst mit ihnen. Wir gehen kurz nach Einbruch der Dunkelheit schlafen, stehen mit der Sonne auf. Ich glaube, mein Kopf fühlt sich deshalb so frisch an", sagt Stefan. Den Einklang mit der Natur könnten wir noch verfeinern. Die San ernähren sich unter anderem von Knollen, Insekten, Feldratten und Vögeln. Ich löffle Milch mit Cornflakes aus der Schale. Immerhin schmecken sie ein wenig staubig. Aber vom Verspeisen der Vögel bin ich weit entfernt, auch wenn ich einen fast greifen könnte. Als wir unbewegt am Frühstückstisch sitzen, kommt der mit dem weißen Köpfchen wieder angehüpft. Deb-deb-deb. Er fühlt sich unheimlich sicher. Direkt neben meinem Schuh holt er sich eine Krume von dem Brot, das mein Bruder aufgeschnitten hat. Es ist die letzte Mahlzeit, die wir ihm bereiten. Erneut brechen wir auf, lassen Spitzkoppe und die anderen Granitberge hinter uns. Stefan hält an einem der mit Ästen zusammengesteckten Verkaufsstände, um für seine jüngere Tochter einen Traumfänger und einen kleinen Blechlöwen kaufen. Ich sehe aus dem Auto, wie er mit der alt aussehenden, zahnlosen Verkäuferin spricht. Er geht zurück, öffnet die Tür, zieht den Schlüssel ab und sagt: „Sie hat mich gefragt, ob wir Essen haben." Stefan schließt die

Seitenverkleidung auf, holt Obst aus dem Kühlschrank. Sie deutet eine knappe Verbeugung an und nimmt die Tüte entgegen. Ihr Gesicht mit den eingefallenen Wangen zeigt keine Regung.
Wir fahren weiter auf der B 2 Richtung Karibib. Ein Lastwagen mit einem großen Marmorblock kommt uns entgegen. 1895 kaufte eine deutsche Firma von einem Herero-Häuptling hier über 20.000 Hektar Land mit einer großen Wasserstelle zur Viehhaltung. Ob der Kaufpreis von 22.500 Reichsmark plus einiger Draufgaben wie zwei Ochsenwagen nebst Zugtieren angemessen war, kann ich ebenso wenig beurteilen wie die Umstände des Kaufvertrages. Dass die Häuptlinge – vorsichtig ausgedrückt – nicht immer die Reichweite ihrer Verkäufe überblickten oder bei den Verhandlungen auf der Höhe waren, dürfte bei allen Unwägbarkeiten historischer Aufzeichnungen unstreitig sein. Uwe Timm beschreibt in „Morenga" anschaulich, wie sich der Vorstand einer Landgesellschaft im Vorfeld der Vertragsverhandlungen mit Ölsardinen präpariert, um den Kaptein beim anschließenden Besäufnis in die Knie zu zwingen. Schließlich verkauft dieser für Branntwein, wenig Geld, Kaffee und ein paar Glasperlen ein großes Stück Land. Außerdem konnte der Alkohol gewinnbringend Konflikte befeuern. Timm erzählt, wie der deutsche Händler Klügge zuerst versucht, durch den Verkauf von Knöpfen, Töpfen und Pfannen zu Geld zu kommen. Doch die Nama sind sparsam und seine Verkaufsartikel haltbar, wie ihm die Käufer dankbar, stolz und zufrieden ein Jahr später zeigen. Deshalb ändert er seine Strategie und setzt fortan auf Spirituosen, Schießpulver und Munition. Um den Markt wachzuküssen, rät ihm ein englischer Kaufmann, sollte der Branntwein an die Nama zunächst auf Kredit ausgegeben werden. Wenn deren Schulden hoch genug wären, müsste Klügge die Forderungen eintreiben. Mangels Liquidität wären seine Kunden gezwungen, von den Herero Rinder zu stehlen, die diese im Übermaße hätten. Dazu bräuchten sie wiederum Gewehre, Pulver und Blei, das sie mit (gestohlenem) Vieh bezahlen müssten. Mit Branntwein könnte so der schlafende Markt belebt werden.
Nach Ausbruch der Rinderpest 1897 verlor die Viehhaltung in Karibib an Bedeutung. Einen dauerhaften Schub bekam der Ort durch den großflächigen Abbau hochwertigen Marmors, der weltweit exportiert wird. Einzigartig soll der hiesige reine schwarze Marmor

sein. Von sehr guter Qualität ist auch die Straße, die uns durch eine grüner werdende Vegetation führt, vorbei an kleinen Ansiedlungen wie dem beschaulichen „Wilhelmstal".

Weniger beschaulich ging es lange Zeit an unserem Zielort zu, was dessen Name („Kleine Sandfläche") nicht unbedingt vermuten lässt. Den Herero, die sich um 1800 dort niederließen, gefiel offenbar der weiße Sand des Riviers des Okakangos, noch mehr aber, dass zwei Flüsse genügend Wasser führten, um ihre Viehherden zu versorgen. Den Nama, die die Gegend für sich beanspruchten, gefiel das wiederum nicht. Etwa ab 1840 kam es zu heftigen Zusammenstößen, die 1850 im „Blutbad von Okahandja" gipfelten: Jonker Afrikaner überfiel und tötete mit seinem Stamm am Moordkoppie 700 Herero. Selbst den eifrigsten Missionaren, die seit den 1820er Jahren ihr Glück versuchten, wurde es zu gefährlich. Als 1870 wieder einmal ein Friedensvertrag zwischen den verfeindeten Stämmen geschlossen wurde, fasste sich die Rheinische Missionskirche ein Herz, gründete eine Missionsstation und errichtete 1876 eine stattliche Kirche, was allerdings auch keinen Frieden brachte. Die Herero hatten die Vorfälle am Moordkoppie nicht vergessen und metzelten am 30. Jahrestag den Stamm der Afrikaner nieder. 1894 errichtete die Schutztruppe in Okahandja ein Fort. 1904 nahm der Hereroaufstand hier seinen Ausgang.

Unser erster Eindruck am Ortseingang wird von einer Pavianherde bestimmt, die einige Autos zwingt, scharf abzubremsen. Acht queren gelassen vor uns die Straße, vier weitere warten am Rand, schauen gelangweilt, einer kratzt sich am Bauch und gähnt. Ein Reiseführer warnt vor ganz anderen Gefahren: Banden trieben in der Gegend der Herero-Gräber ihr Unwesen und nutzten „die Ahnungslosigkeit der Touristen" aus. Niemals sollte man das Fahrzeug unbeaufsichtigt lassen. Dies gelte in gleicher Weise für die beiden Holzschnitzermärkte. Außerdem habe es mehrere schwere Raubüberfälle auf Rastplätzen um Okahandja gegeben.

An den Ortsausgängen im Norden und Süden befinden sich die bekannten Holzschnitzermärkte. Wir halten gegenüber dem nördlichen vor einem Café. Schon steht ein junger Mann grinsend neben uns und stellt sich als „John" vor. Mit seinem Hemd und der dunklen

Hose könnte er eine seriöse Funktion haben. Ob er denn auf das Auto aufpasse, frage ich.

Ja, antwortet er, außerdem habe er auf dem Markt einen Stand.

Dann werden wir uns heute möglicherweise noch einmal sehen, sage ich.

Er lacht: Okay, bis dann.

Wir setzen uns in den Außenbereich des Cafés, unser Auto und den Markt fest im Blick. Und das für eine ganze Weile: Bis die bestellten Kuchenstücke abgeschnitten und mit den zwei Cappuccinos serviert werden, hat sich die Sonne ein gutes Stück gesenkt. Abermals erinnere ich mich an meinen Englischlehrer. Zugegebenermaßen ist auch dieser Kuchen ein „gut Ding". Da wir aber noch einmal über den Markt gehen wollen, bitten wir die Bedienung, zeitnah bezahlen zu können. Sie verschwindet lächelnd und erscheint, als das Koffein seine Wirkung bereits verloren hat. Trotzdem gebe ich ihr ein ordentliches Trinkgeld verbunden mit der Auflage, auf unser Auto aufzupassen. Ist es weg oder beschädigt, hole ich es mir zurück. Wir lächeln beide. „Ohhhhkaaaayyyy", singt sie. Ich bin mir sicher, es gibt wenig, was sie aus der Ruhe bringt.

Das Koffein brauche ich mit Betreten des Marktes ohnehin nicht mehr. Links flankiert ein riesiger Holzelefant den Eingang. In Angriffshaltung mit wild schlackernden Ohren scheint er auf seine Gegner zuzustürmen. Wir kommen nicht als Gegner. Doch aus allen Hütten laufen uns Händler entgegen. Der erste, der freundlich die Hand ausstreckt, ist John. Höflich nenne ich meinen Namen. John führt uns zu seinem Stand, während wir von einem Pulk umringt werden.

„I am Lukas!", ruft ein Mann. „Sebastian, I am Lukas." Er hat offenbar die Ohren gespitzt, denn laut habe ich meinen Namen nicht genannt.

„Sebastian, I am Rita!"

„Sebastian, here! I am George! My shop is here!"

Der halbe Markt scheint mich oder zumindest meinen Namen zu kennen. Sobald wir stehen, wird der Kreis um uns enger gezogen. Also schieben wir den Pulk weiter zu Johns Stand, der sich für uns als Ruhepol erweist. Das liegt zum einen am Gemüt des Inhabers, vor allem aber an einer Art Stillhalteabkommen: Sobald ein Besucher

in einem Zelt ist, lassen die anderen ab – zumindest vorübergehend. Vor dem Zelt kreisen sie weiter, beobachten jede Bewegung. Drinnen entscheiden wir uns für zwei kleine, ruhige Holzlöwen. Wir atmen tief durch, treten aus dem Zelt und läuten damit die nächste Runde ein. Mein Name hallt durch den Pulk. Ich versuche zu beschwichtigen: „Ja, ich habe dich nicht vergessen. Kein Stress. Ich kann nicht zu allen gleichzeitig." Leider ist kein anderer potentieller Käufer in Sicht, weswegen sich die Hatz weiter auf uns konzentriert.
„Ich fühle mich wie die Beute ausgehungerter Jäger", sagt Stefan.
„Wir bleiben auf jeden Fall zusammen. Sobald sie uns auseinandergetrieben haben, wird es noch wilder."
Wir kehren bei Hans ein und unterhalten uns mit ihm auf Englisch.
„Du hast einen deutschen Namen", sage ich.
„Tatsächlich?"
„Ja, und du sprichst ihn auch deutsch aus."
„Ah okay. Ich bekam ihn auf einer Farm."
„Und ich bin Felix", sagt sein Kollege, der in das Zelt darf. „Der Glückliche" schiebt er auf Deutsch nach. Felix stammt aus dem Kaokoveld im Nordwesten.
Die beiden wirken zunächst entspannt und geduldig. Nach ein paar Minuten wird jedoch merkbar, dass sie ebenfalls eine Jagdgemeinschaft bilden. An der Art, wie Hans die Schnitzereien nun präsentiert, wird deutlich, dass er zeitnah zu einem Abschluss kommen möchte. Wir stellen eine Gruppe an Tieren zusammen, weil er uns mehrfach versichert, dass der Mengenrabatt gewaltig sei. „Handeln ist auf dem Markt Ehrensache", habe ich in einem Reiseführer gelesen. Hans hat sicher ein hohes Maß an Ehre. Er möchte 1.100 N$ für drei kleine Tiere. Stefan verhandelt, ich gebe mich als den Gelangweilten, der zum Aufbruch mahnt, notfalls ohne Kauf. Sie nähern sich an, zwischen 560 und 570 N$ geben sich beide stur. Ich lege ein paar Münzen drauf. Beide strahlen. Die Frage, was ein gerechter Preis sei, hat bereits Aristoteles und Thomas von Aquin beschäftigt. Ich bin mir nicht sicher, ob deren Theorien bei der Preisbildung hier Eingang gefunden haben. Die Einigung und der Weg dorthin scheinen aber ein tiefes Bedürfnis der Menschen zu befriedigen. In Felix' Zelt sehe ich ein kleines Holzkästchen, das er für 400 N$ anbietet. Ich will das Ganze abkürzen: „Felix, ich kann jetzt bei

30 anfangen, dann wirst du 350 sagen, und nach zehn Minuten kommen wir bei 200 an. Oder: Ich gebe dir gleich 200."

Er lacht: „Okay!"

Lucas, Rita, George und etwa zehn weitere müssen wir enttäuschen, sie bleiben gleichwohl friedlich. Und das darf man nicht vergessen: Bei aller Unruhe ist Okahandja bisweilen ein Ort des Friedens gewesen und damit meine ich nicht nur die (immer wieder gebrochenen) Friedensverträge, sondern die großen Gesten, etwa die Bestattung verstorbener Hereroanführer neben dem Grab des Jonker Afrikaner. Oder die Beisetzung der Schutztruppensoldaten und Missionare neben Hererohäuptlingen auf dem kleinen Friedhof der Kirche der Rheinischen Mission. So harmonisch diese und die Friedenskirche zusammenstehen, ganz trauen die Verantwortlichen den Zeitgenossen dann doch nicht über den Weg. Die Kirchen sind umzäunt, die Grabstellen der Häuptlinge mit hohem Stacheldraht geschützt. Wir haben zudem die Warnungen aus dem Reiseführer im Hinterkopf, weshalb abwechselnd einer von uns im Auto bleibt.

Bei unserer nächsten Station ist das nicht notwendig. Freundlich werden wir auf dem Parkplatz der grünen Country Lodge empfangen. Die strohgedeckten schicken Häuser fügen sich unauffällig in eine Parkanlage mit Rasen, ungewohnt hohen Bäumen und Termitenhügeln. Zur Erfrischung soll es sogar einen Pool geben. Stefan fragt nach. „Ja, einen Pool haben wir", antwortet der Mann fröhlich an der Rezeption. „Er ist aber abgedeckt."

„Können Sie ihn auch öffnen?", hakt Stefan nach.

„Ja, können wir. Das Wasser ist aber sehr kalt."

„Kein Problem."

Wir betreten gerade das Zimmer, als das Festnetztelefon dort klingelt. Ich hebe ab.

Es ist der Rezeptionist: „Wollen Sie wirklich in den Pool?"

„Warum fragen Sie?"

„Das Wasser ist sehr kalt."

„Wie kalt?"

„Höchstens 14 Grad."

„Kein Problem."

„Sagen Sie mir bitte, sobald Sie fertig sind. Wir decken ihn dann wieder ab."

Als wir dorthin gehen, überlege ich, ob es vielleicht doch ein Problem ist. Ich halte den Fuß in das Wasser. Es fühlt sich an, als wäre die genannte Höchsttemperatur noch sehr optimistisch geschätzt worden. Ich schwimme mit kurzen, schnellen Zügen los. Das funktioniert sonst ganz gut. Jetzt ziehen sich spürbar sämtliche Gefäße zusammen. Dreimal schwimme ich die kurzen Bahnen hin und her. Stefans Bad fällt kürzer aus. Mit Handtuch gehe ich zum Eingangsgebäude, bleibe an der Glastür stehen und rufe in Richtung Rezeption: „Wir sind fertig."
Er ruft durch die Halle zurück: „Woooowwww! Wie war es?"
„Drei Grad zu warm."
Er und zwei Angestellte lachen: „Ihr seid verrückt. Keiner geht hier baden."
Welche Zweckbestimmung der Pool dann hat, frage ich nicht. Erfrischt sitzen wir kurz darauf im Restaurant. Es ist ungewohnt, kein Feuer zu machen, aber die Abwechslung das Essen betreffend schätzen wir, und die aufgeweckte Kellnerin auch. Joan ist eine Nama aus dem Süden. Sie spricht mit uns Englisch, mit Ihria, einer befreundeten Kollegin aus dem Damaraland, Khoekhoegowab, und den anderen Angestellten Afrikaans, alles ohne merklichen Übergang. Nach dem ausgezeichneten Fisch setzen wir uns zu ihnen auf die Hocker an der Bar. Joan erklärt uns das namibische Schulsystem. Silas erzählt von seinen elf Kindern, die bei seiner Frau in Ondangwa, nahe der Grenze zu Angola, leben. Er wird sie erst in vier Monaten wiedersehen. Joan fragt uns, was wir morgen machen.
„Ich fahre Stefan zum Flughafen und komme am Abend zurück."
„Warum fliegst du schon?", fragt sie ihn.
„Meine Tochter geht für ein halbes Jahr nach Kanada. Ich begleite sie."
„Das ist aber nur die halbe Wahrheit. Vorher will er auf das Gäubodenvolksfest", werfe ich ein, wissend was nun folgt.
„Das was?"
Ja! Das soll er den anwesenden Ovambo, Damara und Nama erst einmal erklären.
„Kennt ihr das Oktoberfest?", versucht er den einfachen Einstieg. Tatsächlich wird in Windhoek von den Deutschstämmigen ein Oktoberfest veranstaltet, mit Blasmusik und Bier.

„Nein." Alle schütteln den Kopf. Jetzt wird es interessant.
„Es gibt große Zelte und viel Bier."
„Du trinkst gerne Bier", stellt sie mit Kennerblick fest. „Wir haben auch gutes Bier!"
„Ja sicher, aber es ist dort etwas anderes", weicht er aus.
„Wie viel trinkst du denn auf dem Fest?"
„Drei Liter. Aus so großen Krügen." Mein Bruder deutet einen Maßkrug an.
Sie reißt die Augen auf: „Das könnte ich nie."
„Du musst trainieren. Einfach nur hart trainieren." Stefan grinst.
„Wie viele Menschen gehen zu dem Fest?"
„Auf das Oktoberfest in München in zwei Wochen über sechs Millionen, auf das Gäubodenvolksfest in elf Tagen etwa eineinhalb Millionen."
Sie wiederholt ungläubig die Zahlen. Die andern lachen irritiert. Namibia hat gut zweieinhalb Millionen Einwohner. Joan googelt auf ihrem Smartphone, zeigt uns das Bild einer Wiesnbesucherin im Dirndl.
„Gibt es einen Dresscode?" Mit leicht geöffnetem Mund mustert sie befremdet-fasziniert die Tracht.
„So kann man es sagen. Die Männer tragen Hemden und Lederhosen."
Die Kleidung der Frauen scheint sie mehr zu interessieren. Sie zeigt uns ein Dirndl, das gerade über den Po reicht.
„Könnte man das tragen?"
„Nein, das ist zu kurz", sagt Stefan.
„Ah. Das wäre dann ein Dirndl für das Schlafzimmer."
„Wenn man so will."
Ihria kommt zu uns. Mit Klicklauten erklärt Joan ihr das Oktoberfest. Ihre Freundin schüttelt staunend den Kopf. Doch eine große Neugierde scheint geweckt. Sie googeln beide. „Welche Musik wird dort gespielt?"
Zu sechst hören wir um Joans Smartphone sitzend Andreas Gabalier. Danach stimmt Stefan zu „Schwarze Natascha" ein.
„Schwarz?", fragt Joan.
„Ja, ich glaube, es wird die Haarfarbe besungen. Die Texte sind", ich zögere, sie schauen mich an, „meistens nicht so gehaltvoll."

„Das ist lustig“, sagt sie. „Ich habe übrigens einen deutschen Nachnamen: Otto.“
„Otto?“
„Ja!“, Silas bringt sich ein. „Die Deutschen machten hier eine Menge Kinder. Sie waren sehr ‘naughty’.“
„Sicherlich. Aber Joan sieht nicht so aus, als hätte sie deutsche Vorfahren. Und Silas, wie viele Kinder hast du doch gleich?“
Sie lachen. Joan übersetzt für ihre Freundin und bemüht sich danach, uns ein paar Wörter auf Khoekhoegowab beizubringen. Egal, an welchem Wort wir uns versuchen, sie schüttelt den Kopf und schnalzt es erneut.
„Lass uns noch ein paar Oktoberfestlieder hören!“, schlägt sie vor. Die anderen nicken erwartungsvoll. Ich gehe eine Liste der „Oktoberfesthitparade“ durch, sortiere die Lieder, die mir weniger gefallen, mit den Worten „die sind nicht typisch“ aus. Auch wenn „Cordula Grün“ oder „Country Roads“ keine Prototypen bayerischen Liedguts sind – für Joan, Silas, Given und die anderen gehören sie ab heute zur Wiesn wie das Bier, die Lederhosen und die Dirndl.

Neun

Okahandja – Windhoek

„Windige Ecke“

Auf dem Weg zum Frühstücksraum beobachten uns neugierige Erdmännchen, im Raum lösen wir lebhafte Reaktionen aus. Joan ruft: „Ich habe vom Oktoberfest geträumt." Given legt nach: „Und ich von großen Bierkrügen und Dirndl!"

„Ihr könnt dort aber nicht mit den dicken Jacken und den Pudelmützen auftauchen", rufe ich zurück. In Wintersachen eingepackt reiben sie sich die Hände. Stefan und ich tragen T-Shirts. Jerry, der Rezeptionist, der sich uns gestern Abend mit der von ihm sicher oft benutzten Wendung „wie Tom und Jerry" vorstellte, kommt dazu: „Ihr seid schmerzfrei." Er dreht sich zu den anderen: „Sie waren gestern im Pool schwimmen!"

Ihria, die sich bisher zurückhielt, schreit: „Was?"

Given schüttelt den Kopf: „Ich würde hier nicht schwimmen gehen." Es wirkt auf sie so abseitig, dass das ebenfalls Stoff für einen Traum geben könnte. Ich bin hingegen gespannt, wie ich ab heute Nacht schlafen werde. Unser Weg nach Windhoek führt vorbei an hohen Termitenhügeln, die sich teilweise an Bäumen hocharbeiten. Am Straßenrand geht eine Gruppe Frauen. Gelassen balancieren sie auf dem Kopf einige etwa zwei Meter lange Stöcke Brennholz. Ebenso gelassen läuft vor uns aus einer Herde eine Kuh auf die Autobahn. Stefan umkurvt sie mit einem waghalsigen Manöver und hält an. Die anderen Autos können gerade noch abbremsen. Die übrigen Kühe der Herde ziehen nach. Am stärksten beeindruckt uns die Ruhe der beiden Hirten, die den Fokus auf ihrem Gespräch lassen. Stumm laufen sie neben den Kühen über die zwei Fahrstreifen, den Blick auf den Boden gerichtet. Sie haben offenbar volles Vertrauen in die Leitkuh und die Fahrer. Die Herde grast auf dem ungesicherten Mittelstreifen weiter. Wir passieren Katutura, den „Ort, an dem wir nicht leben möchten". Die schwarze Bevölkerung Windhoeks wurde gemäß der südafrikanischen Apartheidpolitik in damaliges Ödland zwangsumgesiedelt. Am 10. Dezember 1959 kam es unter Führung Samuel Nujomas zu einem Aufstand in der „Alten Werft", den die Polizei blutig niederschlug. Folge dieses Ereignisses war die Gründung der SWAPO. Doch die Zwangsumsiedlung wurde weiter betrieben und bis 1968 abgeschlossen. Die Regierung ließ Einkaufszentren, Krankenhäuser und Schulen in Katutura errichten. Die Schwarzen sollten möglichst keinen Grund haben, die von den Weißen bewohnte Hauptstadt aufzusuchen.

Wir parken in Windhoeks „Independence Avenue". Sofort stehen zwei schwarze junge Männer in zerrissenen Kleidern und nicht weniger zerrissenen Warnwesten neben uns, stellen sich als Daniel und Michael vor und zeigen ihre Ausweise. Ich gebe ihnen 10 N$. „Der Rest hängt vom Zustand des Autos ab." Ich wundere mich selbst, wie selbstverständlich der Satz über meine Lippen kommt. Vermutlich habe ich zu viel über aufgebrochene Fahrzeuge gelesen.

„Keiner wird euer Auto anschauen", grinst Daniel, „Und noch ein Tipp: Wenn ihr angesprochen werdet, antwortet nicht: Am Ende wollen sie euch nur ausrauben."

Wir gehen den Hügel Richtung Christuskirche hinauf. Auf dem Weg drehen wir uns einmal um. Die beiden winken uns zu. Oben angelangt sehen wir Gegensätze aufeinanderprallen. Zum einen die Namensgeber zweier Straßen, die sich dort kreuzen: Fidel Castro und der Kaufmann Lüderitz. Da der Stadtrat aber bereits beschlossen hat, an den Letztgenannten nicht mehr auf diese Weise erinnern zu wollen, wird dieses Übereinander der Straßenschilder bald verschwinden.

Die 1910 fertiggestellte Christuskirche neben dem neuen Unabhängigkeits-Gedenkmuseum wird hingegen noch lange erhalten bleiben. Das Gotteshaus aus braunem Quarzsandstein ist ein neoromanisches, feines Schmuckstück, das als nationales Denkmal 1974 anerkannt wurde. Der Himmel rahmt die Kirche mit einem strahlenden Blau ein. Ein angenehmer Windzug kühlt. Wir schauen runter auf die Stadt, die ihm den Namen verdankt, Windhoek heißt „windige Ecke".

Den spüren wir auch ein paar Meter weiter, doch bläst er hier, um im Bild zu bleiben, aus einer anderen Ecke. Das Unabhängigkeits-Gedenkmuseum wurde vom nordkoreanischen Unternehmen Mansudai Overseas Projects errichtet und 2014 fertiggestellt. Die häufig verwendete, inoffizielle Bezeichnung „Kaffeemaschine" wird dem 40 Meter hohem Werk gewiss nicht gerecht, vermittelt aber eine nicht ganz fernliegende Vorstellung von der Form. Schwarz-gold-silbern glänzt der dreibeinige Bau mit einem großen Zylinder in der Mitte. Davor hält ein überlebensgroßer, kräftiger, bronzener Sam Nujoma, „Präsident und Vater der Namibischen Nation“, ein Buch mit dem Wappen Namibias in die Höhe. Vermutlich ist es die wuchtige Ausgestaltung, die mich an Bilder Maos mit seiner Bibel erinnert. Ich habe über das Unabhängigkeitsmuseum im Vorfeld viel gelesen: 60 Millionen N$ seien dafür ausgegeben wurden, weder namibische Künstler noch die namibische Bevölkerung seien in irgendeiner Form einbezogen worden. Trotz der hohen Arbeitslosigkeit in Namibia hätten ausschließlich Nordkoreaner den Bau errichtet. Andererseits habe das Kultusministerium erklärt, es entstehe ein „Museum nicht dagewesener Klasse“.

Ich habe bislang kein Museum des nordkoreanischen Prachtbauten-Anbieters gesehen, für mich spielt dieses aber tatsächlich in einer eigenen Klasse. Die Aufarbeitung der nüchternen Grausamkeit, mit der das Deutsche Reich in der Kolonie agierte, ist gewiss von zentralem Interesse. Anders als in allen von mir besuchten Holocaust-Gedenkstätten erfährt man in dem Gebäude relativ wenig Fakten, dafür unzählige Gewaltdarstellungen mit blutüberströmten Frauen und Kindern auf Bronzereliefs und Gemälden, die Münder weit aufgerissen, dem Wahnsinn scheinbar sehr nahe. Weder Täter noch Opfer werden näher beschrieben, das individuelle Leid nicht nachvollzogen. Die Frage, warum Menschen in der Lage sind, anderen solches Leid zuzufügen, bleibt unberührt, und es wirkt, als sei es den Erschaffern in keiner Weise darauf angekommen, sich damit sachlich auseinanderzusetzen. Stattdessen sieht man zahlreiche abgeschlagene Köpfe und Gehängte. Nach dem Schockbad soll der Besucher wieder aufgerichtet werden durch die Guten, die Helden des frühen Widerstandskampfes und die SWAPO-Anführer wie Sam Nujoma, der seine breite, wuchtige Faust hebt. Von einer riesigen Sonne angestrahlt und von Friedenstauben umgeben stehen aufrecht ein junger Mann und eine junge Frau mit je einer Kalaschnikow in den Händen. Zuversichtlich blicken sie Seit’ an Seit’ in eine Zukunft unter der richtigen politischen Führung. Und es gibt weitere Begegnungen voller Harmonie: Nachdem ich über Jacobus Morenga so viel gelesen habe, sehe ich ihn, Hendrik Witbooi und die anderen Anführer der Herero und Nama, die sich untereinander teils heftig bekriegten, brüderlich als Helden der Unabhängigkeit vereint. Sogar Karl-Heinz-Rummenigge hat hier Eingang gefunden: Nicht als ernster Unabhängigkeitskämpfer auf einem Bronzerelief, sondern als lächelnder Fußballer im Trikot der namibischen Nationalmannschaft auf einem Foto.

Die politischen Botschaften sind bei dem dritten bekannten Bauwerk in unmittelbarer Nachbarschaft ebenfalls unverkennbar. 1890 wurde unter der Führung des Offiziers Curt von François das Hauptquartier der deutschen Schutztruppe, das erste steinerne Gebäude des Landes, erbaut. Seitdem verlor die Alte Feste an Bedeutung: Sie musste sich nie in einer Schlacht bewähren. Nach Abzug der Deutschen wurde sie zunächst als Internat, dann als Museum und schließlich nicht mehr erhalten. Vor dem Innenhof rosten historische Fahrzeuge dicht aneinandergestellt neben ungeleerten Mülltonnen. Eine positionierte man unter einem Schild, das den „im Kriege 1914 bis 1915 gefallenen Kameraden der kaiserlichen Schutztruppe“ gedenkt. Auch wenn die Soldaten im Kampf gegen südafrikanische Truppen fielen, ist die Schutztruppe als solche ein Reizthema. Im Innenhof hält sich mühsam ein Relikt mit noch größerem Reizpotential. Einst blickte der Alte Reiter von dort, wo jetzt das Gedenkmuseum steht, „zum ehrenden Angedenken an die tapferen deutschen Krieger, welche fuer Kaiser und Reich zur Errettung und Erhaltung dieses Landes waehrend des Herero- und Hottentottenaufstandes (...) ihr Leben ließen“, stolz in das Land. Von ihrem fünf Meter hohen Sockel aus Granitblöcken wurde die viereinhalb Meter hohe Bronzestatue zunächst vor die Alte Feste geholt und später in den Innenhof der Feste versetzt. An ihrem zweiten Standort trägt inzwischen ein neues Denkmal den Geist des Unabhängigkeitsmuseums: Über drei von deutschen Soldaten an einem Baum aufgehängten Opfern reckt ein kraftstrotzendes, schwarzes Paar die Fäuste mit zerrissenen Ketten gen Himmel.

Wir verlassen den Hügel. In der Independence Avenue winken uns Himbafrauen zu ihren etwas heruntergekommenen Ständen neben einer Baustelle. Ein paar Meter weiter ruhen wir uns in dem schicken Café Prestige unterhalb des Supreme Courts aus. Im Hintergrund läuft entspannte Jazzmusik. „Dieses Café könnte auch irgendwo in New York sein“, sagt Stefan. Wir schauen auf die breite belebte

Straße, holen kurz danach unser gut bewachtes Auto ab und genießen einen kurzen, wunderschönen Blick von der Heinitzburg auf die Stadt. Nachdem er in der Wüste und in Swakopmund seine Spuren hinterlassen hatte, errichtete Wilhelm Sander die mittelalterlich wirkende Trutzburg, die mittlerweile unter anderem als Restaurant genutzt wird. Das Lokal ist bekannt für seinen großen Keller mit teuren Weinen.

Einen deutlich günstigeren würde ich gerne morgen Abend in der Wildnis trinken. Doch die Verkäuferin an der Kasse des Supermarktes schüttelt den Kopf: „Es ist nicht erlaubt, zu dieser Zeit Alkohol zu verkaufen." Es ist Samstag, 15.45 Uhr. Seit die deutschen Händler mit Branntwein erschienen sind, müssen die Menschen hier viele schlechte Erfahrungen mit Alkohol gemacht haben.

Wir verlassen Windhoek. Der Blick auf die Uhr hat mich ein wenig nervös gemacht. Stefan wird seinen Flieger rechtzeitig bekommen, keine Frage. Für seine Verhältnisse ist er sogar überpünktlich. Aber es sind 45 Kilometer bis zum Flughafen, von dort muss ich wieder zurückfahren, durch Windhoek und weitere 70 Kilometer nach Okahandja, bevor es dunkel ist. Vor einem Anwesen neben der Straße ist auf einem Schild die afrikanische Variante der Bremer Stadtmusikanten dargestellt: Kudu, Löwe, Warzenschwein und Pavian stehen unbekümmert aufeinander. Danach sehe ich eine Menge Warzenschweine und Paviane nahe der Straße umherziehen. Am Flughafen lasse ich Stefan aussteigen. Wir umarmen uns kurz. „Es war eine tolle Zeit", sagt er.

„Sehe ich auch so."

Der Respekt vor dem, was nun folgt, ist groß. Ich setze mich ans Steuer, lege die Straßenkarte griffbereit neben mich, winke ihm und fahre los.

„Pass auf dich auf! Allein zu fahren und auf alles Acht zu geben, ist nicht ohne", hat er gesagt. Allzu lange denke ich nicht darüber nach. Nach ein paar Kilometern rennt ein Perlhuhn über die Straße, etwa zehn weitere folgen. Ich mache eine Vollbremsung, komme vor dem letzten zum Stehen. Gut, dass es hell ist. Ich betrachte die Tiere am Rand ab jetzt noch misstrauischer.

Vor Windhoek wird es neben der Straße ruhiger, dafür warten andere Herausforderungen. Vor dem ersten Kreisverkehr erinnere ich mich im letzten Moment daran, nach rechts zu schauen. An der nächsten großen Kreuzung muss ich improvisieren. Die Ampel leuchtet rot, die Autos rechts und links von mir bleiben stehen. Sie haben offenbar ebenfalls Rot. Ich taste mich hinein, wir winken ausgiebig, irgendwie geht es weiter. Endlich fahre ich aus der Stadt hinaus, passiere eine Verkehrskontrolle und drücke auf das Gaspedal. Nach einer Weile erscheint mir der Straßenverlauf seltsam. Auf dem Weg von Okahandja nach Windhoek fuhren wir auf sehr langen, geraden Abschnitten. Hier ist es kurvig und hügelig. Außerdem ist die Sonne nicht auf der linken Seite, sondern vor mir. Ich fahre nach Westen, müsste aber nach Norden. Nach weiteren fünf Kilometern bestätigt ein Straßenschild: Diese Straße führt nach Swakopmund, zur Küste. Das ist nicht gut. Bei der nächsten Einfahrt wende ich und gebe noch mehr Gas. Wieder fahre ich Richtung Windhoek, wo ich eine Verkehrskontrolle und viele Kurven später gegen 18 Uhr ankomme. Ich finde die B 1. Jetzt ist die Sonne auf der richtigen Seite, aber leider schon sehr tief.

Kurz nach der Hauptstadt laufen Menschen auf der Fahrbahn. Ich bremse scharf ab und umkurve sie. Nach der Abfahrt Katutura beschleunige ich, den Straßenrand fest im Blick. Mittlerweile sind die Warzenschweine an der Seite sehr spät zu sehen, das plötzliche Hindernis vor mir dafür umso deutlicher: Blaulicht markiert eine Straßensperre. Die Polizei hält jedes Fahrzeug an. Im Hinblick auf die im Reiseführer beschriebene Bandenkriminalität, deretwegen man den Halt auf Rastplätzen in der Nähe von Okahandja und Fahrten in der Dunkelheit vermeiden sollte, habe ich grundsätzlich nichts gegen Polizeipräsenz und gründliche Kontrollen. Auch Sonnenuntergänge kann ich prinzipiell genießen. Leichter fiele es mir allerdings in der Lodge als in einem stehenden Auto mit verriegelten Türen auf der Straße zwischen Windhoek und Okahandja. Endlich werde ich weitergewunken. Die Tiere am Straßenrand erkenne ich nur schemenhaft. Kurz nach Einbruch der Dunkelheit erreiche ich die Country Lodge. Joan und Given empfangen mich am Parkplatz.

„Wo bist du gewesen?“

„Ich bin einen kleinen Umweg gefahren.“

„Gut, dass du da bist. In der Dunkelheit sieht man die Perlhühner nicht. Die rennen über die Straße und zerbrechen dir die Scheibe.“

Ja, das glaube ich. Aber jetzt bin ich wieder im sicheren Hafen bei freundlichen Bekannten. Auch den Geschäftsführer der Lodge lerne ich kennen. Der 40jährige Henry setzt sich nach dem Abendessen zu mir. Er ist in Namibia geboren, seine Eltern arbeiteten zuvor in Simbabwe. Er studierte in Südafrika. Danach kehrte er zurück. Henry ist glücklich, hier zu leben, der Staat funktioniere im Großen und Ganzen.

„Wie fühlst du dich als Weißer, wenn du Nujomas Hetzreden hörst?"

„Das Problem sind eher die Jüngeren, die auf den Zug aufspringen. Die Älteren respektieren die Gesetze. Sie haben begriffen, dass es in Simbabwe und Südafrika ein Fehler war, die Weißen zu enteignen und aus dem Land zu jagen. Allerdings wird gerade ein unsinniges Gesetz geplant: Mindestens 25 % jedes Unternehmens sollen in der Hand eines Schwarzen sein. Schau, ich habe vor 20 Jahren in einem Haus mit fließendem Wasser gelebt und lebe jetzt in einem Haus mit fließendem Wasser. Ich habe einen Geschäftspartner, der in der Township in einer Wellblechhütte lebt. Er geht immer noch jeden Tag zur Wasserstelle. Er könnte ein Haus wie dieses niemals allein führen. Das sagt er selbst. Er weiß gar nicht, was alles repariert und investiert werden muss. Und: Wenn ich jemanden etwas übertrage, ohne dass er es bezahlen muss, ohne dass er dafür vorher gearbeitet hat, schätzt er es nicht. Er müsste auch die Schulden übernehmen und das würde nicht funktionieren. Er versteht nichts von der Buchhaltung und will sich mit den ganzen Zahlen nicht auseinandersetzen."

„Was meinst du, in welche Richtung entwickelt sich das Land?"

„Der jetzige Präsident ist gut. Für ihn zählt die Leistung, er kämpft gegen die Korruption. Es funktioniert viel besser als in Südafrika. Ich fahre jede Nacht meine Angestellten in der Township nach Hause und werde nicht überfallen. Es ist ein wunderbares Land. Und es ist frei."

Zehn

Okahandja – Etosha

„Land des trockenen Wassers"

Perlhühner jagen krakeelend um das Haus. Das Moskitonetz über meinem Bett wird zu dieser Jahreszeit genauso wenig gebraucht wie der große Ventilator. 325 Kilometer Strecke habe ich heute vor mir, aber keinen Zeitdruck. Das Bewusstsein, dass ich den Tag allein verbringen werde, dringt stärker durch.
Im Frühstücksraum werde ich ruhiger begrüßt als gestern. Danach packe ich das Auto, lege Smartphone, Straßenkarte, Wasser und Biltong neben mir auf den Beifahrersitz. Ich überprüfe den Kühlschrank und sehe, dass ich wesentlich mehr Proviant habe, als ich den nächsten Tagen verbrauchen kann, vor allem zu viele Eier. Sie später wegzuwerfen, wäre seltsam. Ich gehe zurück in das Zimmer, treffe die Putzfrau und schildere ihr meine Lage. Ob sie so freundlich wäre, ein paar Dinge zu übernehmen. Sie lächelt freundlich, ja, das würde sie machen. Ich gebe ihr die restlichen Eier, ein wenig Obst und die Hälfte des Fleisches. An der Rezeption verabschiede ich mich von Jerry und Henry. Am Auto stehen Joan und Given.
„Komm doch auf dem Rückweg nochmal vorbei!“, sagt Given.
„Wenn ich es schaffe, gerne.“
Richtung Norden wird die Vegetation dichter, das weidende Vieh größer und fetter. Rote Schilder warnen vor Warzenschweine, die in allen Varianten zu sehen sind: Junge, knieende, schmatzende und solche mit besonders großen Hauern. Eines reckt einem dicht vorbeibrausenden Lastwagen seine Waffen entgegen, als wolle es ihm zeigen, wer am Straßenrand das Sagen hat. Am unbedarftesten sind die jungen, die plötzlich aufspringen und losrennen. Vor Otjiworongo begegnet mir eine große Herde Rinder, begleitet von einem Hirten. Wobei ich seit gestern weiß: Selbst wenn es zwei wären, bedeutete dies keine größere Sicherheit. Außerdem stellt man sich hier seit jeher auf die Rinder ein. Otjiworongo heißt „Platz, wo fettes Vieh weidet“. Heute bietet die Stadt natürlich noch viel mehr, sie wird auch die „Welthauptstadt der Geparde“ genannt. Verletzte, verwaiste oder das Vieh der Farmer wildernde Geparde werden auf Farmen in der Umgebung aufgepäppelt beziehungsweise umerzogen und später wieder ausgewildert. Der Cheetah Conservation Fund

unterhält 40 Kilometer östlich der Stadt sogar ein Gepardenmuseum.
Für mich hält die Stadt auf dem Parkplatz eines Einkaufszentrums zunächst zwei aufdringliche Geschäftemacher bereit. Der eine will Makalani-Nüsse verkaufen. Ob der andere für seine Forderung überhaupt eine Gegenleistung im Sinn hat, weiß ich nicht. Er wirkt so aggressiv wie ungesund. Ich ziehe schnell vorbei. Im Einkaufsmarkt ist ein nettes Café, aber ich bleibe angespannt. Einen Angestellten frage ich am Ausgang, wo die nächste Cheetah-Farm und der Weg zum Etosha sei.
Es seien nur zwei Kilometer, sagt er. Er deutet auf eine Straße, der ich folge. Nach zwei Kilometern stellt sich heraus, dass ich doppelt falsch liege. Er hat mich zu dem großen Cheetah-Zementwerk geschickt. Die Kombination eines Gepards mit dem Baustoff leuchtet mir nicht unmittelbar ein, vielleicht trocknet dieser Zement in Rekordgeschwindigkeit. Zum Zweiten führt der Weg zwar Richtung Etosha, jedoch zum nordöstlichen Rand. Mein Campingplatz liegt im Süden. Der Etosha hat eine größere Fläche als Hessen und eine Ost-West-Ausdehnung von knapp 300 Kilometern. Auf diesem Weg käme ich doch noch in Zeitnot. Ich kehre um, der Mitarbeiter einer Tankstelle zeigt mir die versteckt liegende Abfahrt zum „short cut" Richtung Outjo. Einsam folge ich in den weiteren Stunden endlosen Geraden durch trockene Gras- und Buschlandschaften. Nach Outjo nimmt die Vegetation ab, der Boden wird steiniger.
Nach 15 Uhr erreiche ich das Camp. Die Dame an der Rezeption erklärt mir Ausstattung und Angebote. Morgen früh könnte ich an einer geführten Tour teilnehmen.
„Und heute?"
„Heute ist es für eine Tour zu spät. Sie können selbst in den Etosha fahren, müssen ihn aber bis 18 Uhr wieder verlassen haben."
Kurz darauf stehe ich vor dem Eingangstor. Der uniformierte Wächter drückt mir ein Formular in die Hand. Das muss ich bis zum Okaukuejo-Camp ausfüllen, dort genehmigen lassen und bezahlen.
„Haben sie Waffen oder Drohnen dabei?"
Er stellt die Frage so direkt und streng, dass ich im Kopf alles durchgehe, was an eine Waffe oder Drohne erinnern könnte.
„Äh, nein", antworte ich verzögert.

„Alles klar. Sie haben nicht viel Zeit."

Ich bin im Etosha National Park. In der hellen, steinigen Ebene heben sich einzelne dunkle, vertrocknete Büsche ab. Ganz anders als die Bilder von der dicht bewachsenen Serengeti, ist das ein „großer weißer Ort". So lautet eine der Übersetzungen von Etosha. Ich habe einige weitere gelesen, wie: „Lauf ins Ungewisse". Die Übersetzungstechnik kann ich angesichts der Breite an Bedeutungen nicht nachvollziehen, doch alle klingen irgendwie stimmig. Für mich gerade auch die zweitgenannte, wobei ich genau genommen fahre.

Die ersten Tiere, die ich an dem großen weißen Ort gut erkennen kann, sind zwei Antilopen, die harmonisch parallel zur Straße schreiten. Auf der anderen Seite blickt sich eine Giraffe um. Von meinem Fahrersitz aus kann ich ebenfalls weit sehen.

Das Okaukejo-Camp ist zugleich Sitz der Hauptverwaltung des Nationalparks. Es hat einen Aussichtsturm, Restaurants, vor allem ist es aber einer der wenigen Orte im Etosha, an denen man das Auto verlassen darf. Die Tiere können sich im Park frei bewegen. Die Besucher müssen auf den Straßen und vor allem in den Fahrzeugen bleiben. Ich zahle und verlasse das Camp Richtung Nordosten. Die Vegetation nimmt weiter ab. Links von mir breitet sich die „Etosha-Pan" aus, eine riesige weiße Salz- beziehungsweise Tonpfanne, die ein Fünftel des Parks einnimmt.

Die Übersetzungen „großer weißer Platz", „Ort der Leere" und „großes weißes Nichts" beziehen sich vor allem auf die Pfanne. Nach einer Legende sollen bei einem Überfall auf einen San-Stamm alle Männer und Jungen getötet worden sein. Das Leid einer Mutter war so groß, dass ihre Tränen einen See entstehen ließ. Als das Wasser verdunstete, blieb die Salzpfanne übrig. In der Tat verdunstete hier einmal viel Wasser, das sich in der Senke zu einem See gesammelt hatte. Die Flüsse, die ihn gespeist hatten, veränderten irgendwann ihren Lauf. Nur wenn es außergewöhnlich viel regnet, kehrt für kurze Zeit das üppige Leben zurück. Ganz leblos ist die Pfanne aber auch jetzt nicht. Am Rand zieht eine Oryxantilope durch das endlose Weiß.

Ansonsten sehe ich keine Tiere, dafür jede Menge aufgewirbelten Staub, wenn mir ein Auto begegnet. Ich fahre zurück zum Okaukejo Camp, das man schon früh zur Beobachtung des Wilds nutzte. 1897 wurde dort zwecks Eindämmung der Rinderpest einer von drei Kontrollposten eingerichtet. Nun soll ein großes Wasserloch dafür sorgen, dass man die Tiere hier aus nächster Nähe zu Gesicht bekommt. Ich postiere mich unter einem Mopanebaum, der bei Elefanten und dicken, etwa sechs Zentimeter langen Raupen sehr beliebt ist. Die Raupen sind wiederum bei vielen Namibiern sehr beliebt, die sie im Eintopf oder geröstet als „Veldkost" schätzen.

„Wenn du viele Tiere sehen willst", hat mir eine Bekannte gesagt, „brauchst du ein Wasserloch und Geduld." Rund um das Wasserloch hüpfen bislang lediglich ein paar Vögel. Langsam senkt sich die Sonne. Nach einer Weile tauchen kleine Springböcke auf, die entweder trinken oder ihre Hörner gegeneinanderstoßen. Die Sonne leuchtet durch die Äste des Baums. Ich wechsle den Platz und mache mir Notizen bezüglich des Tages. Als ich den Kopf wieder hebe, sehe ich drei Elefanten, die sich von dem weißgrauen Untergrund kaum abheben. Sie nähern sich geräuschlos. Behutsam und gleichmäßig setzen sie ihre Füße auf. Zwischen den Bäumen erscheinen drei weitere Riesen, danach folgt eine Gruppe von etwa 30 Tieren in allen Altersstufen. Ganz kleine laufen zwischen großen Kühen mit schnellen Schritten. Sofort entsteht ein Gerangel um die beste Trinkstelle. Ein Bulle, der sich dem Wasser nähert, wird von einem anderen ins Visier genommen. Der setzt seinen riesigen Körper in Bewegung, rennt mit langen Schritten auf den Kontrahenten zu und schlackert wild mit den Ohren. Der andere flüchtet, jüngere Elefanten springen aus der Bahn. Laut trompetet der große Bulle dem Flüchtenden hinterher. Der Vertriebene entpuppt sich in der Folge als Außenseiter. Wo er auch trinken möchte, er wird von anderen in die Flucht geschlagen. Ohne Widerstand weicht er zurück, bis er an einer ungünstigen Stelle in Ruhe gelassen wird. Wegen des Gefälles und größerer Steine kann er dort kein Wasser einsaugen. Er beobachtet die anderen. Elefanten können ausgiebig trinken, am Tag zwischen 100 und 220 Liter. Der Spiegel des Wasserlochs sinkt vermutlich gerade, denn fast alle stillen ihren Durst. Selbst die ganz kleinen kommen zum Zug. Als der große Bulle endlich die beste Stelle räumt, wittert der Außenseiter seine Chance. Zögerlich tastet er sich vor, den Kontrahenten, der den See auf der anderen Seite verlässt, fest im Blick. Aber das Schicksal meint es nicht gut mit ihm.

Drei Halbstarke, jeder kleiner als er, haben es auf ihn abgesehen und halten ihn gemeinsam fern. Er bleibt stehen, wickelt den Rüssel um das Bein. Unschlüssig verlagert er auf der Stelle schwankend sein Gewicht. Sein Körper ist angespannt.
Inzwischen haben sich einige Oryxantilopen, eine Giraffe und viele kleine Springböcke genähert. Ihnen ist die Situation ebenfalls nicht geheuer, da der Außenseiter nach einem zaghaften Vorstoß wieder lautstark vertrieben wird. Für alle verbliebenen Elefanten wäre mittlerweile ausreichend Platz und Wasser vorhanden. Aber den Halbstarken geht es – wie es manchmal streitende Parteien vor Gericht so schön sagen – „ums Prinzip". Unterdessen will sich auch ein kleiner Elefant einmal wichtig fühlen und läuft mit wackelnden Ohren trompetend auf zwei im Wasser stehende Springböcke zu, die augenblicklich wegspringen. Zufrieden über den Erfolg und mit sich selbst kehrt der Kleine zurück. Er hat bereits viel gelernt.
Am schwersten hat es die Giraffe. Um trinken zu können, muss sie die Vorderbeine weit auseinanderspreizen und den Kopf tief absenken. In der Haltung ist sie leicht angreifbar. Immer wieder setzt sie an, spreizt die Beine stückweise weiter auseinander. Doch nur eine schnelle Bewegung, ein ungewohntes Geräusch und sie richtet sich verschreckt mit einem Satz wieder auf und blickt sich misstrauisch um. Immerhin lauern in dem Wasserloch keine Krokodile. Sie richtet den Fokus auf die Büsche in der Nähe. Es ist so spannend, dass ich vergessen habe, auf die Uhr zu schauen. Ich muss aus dem Park. Der Außenseiter wartet immer noch. Nicht nur Tierbeobachter brauchen Geduld.
Als ich das Okaukejo Camp verlasse, bestätigen vier stehende Fahrzeuge die Regel, die meine Kollegin aus Würzburg erwähnte: Wenn mehr als zwei Autos am Straßenrand halten, sind Tiere in der Nähe. Ein die Straße kreuzender Elefant kommt den Wagen nahe, verschwindet dann aber friedlich mit sechs weiteren zwischen den Bäumen. Wie ich kurz darauf merke, sind Bäume ein guter Ort für unmittelbare Tierbegegnungen. Zurück im Camp finde ich unter einem Platz für den Nissan. Als ich aussteige, rennt plötzlich ein Warzenschwein auf mich zu, stoppt, schlägt mit den Vorderhufen auf den Boden. Ich springe wieder ins Auto. Das Warzenschwein starrt mich schwer atmend an. Aus kurzer Distanz kann ich seine großen Hauer

bewundern. Es beruhigt sich, läuft auf der Beifahrerseite um das Fahrzeug, knickt seine Vorderbeine ein, steckt seine Nase in einen Laubhaufen, wühlt darin und verschwindet schließlich. Leicht angespannt lade ich Campingtisch, Stuhl und Gaskocher aus. Für ein Feuer habe ich zu wenig Holz. Während ich auf dem Kocher die Boerewors und das Gemüse zubereite, halte ich immer wieder nach dem Warzenschwein Ausschau. Vor einem anderen Zelt steht eine Antilope. Hoffentlich finden nicht auch die Fressfeinde der beiden Besucher den Weg hierher. Und es soll weitere, unangenehme Gäste in der Gegend geben: Besonders gefährlich sind laut Reiseführer die Puffotter („den Versuch an ein Gegengift zu kommen, kann man sich regelmäßig sparen") und der kleine Honigdachs („er greift, wenn er sich bedroht fühlt, selbst Elefanten an"). Ich esse mein Abendessen wesentlich schneller als sonst. Die Natur ist hier sehr nah.

Elf

Etosha

„It isn't save."

John

Ich ziehe die Decke nach oben und den Kopf ein. Der Fahrtwind ist kalt, so kalt, dass ich ihm keinen Quadratzentimeter zu viel Angriffsfläche bieten will. Ich schaue auf die kleine Bodenfläche zwischen meinen Wanderschuhen. Auch die anderen schweigen. Daran hatte ich bei meiner Abwägung nicht gedacht.

Gestern überlegte ich lange, ob ich die geführte Tour buche. Dagegen sprach, dass ich Namibia bewusst allein beziehungsweise mit meinem Bruder erleben wollte. Ich wollte den Fokus nicht auf mehrere Mitreisende richten. Für die Tour sprach, dass ich das Auto mit aufgebautem Zelt stehen lassen kann. Zudem kennt ein ortskundiger Führer die besten Stellen für Tierbeobachtungen. Weil einer zufällig an der Rezeption stand und einen fröhlich-kommunikativen Eindruck machte, meldete ich mich bei ihm an. Ob es denn kalt sei, fragte ich.

John deutete auf mein T-Shirt und die kurze Hose. „Das ist okay", grinste er. „Falls du frierst, bekommst du eine Decke."

An diese Worte dachte ich heute Morgen, als ich die dünne Kapuzenjacke anzog, mit der ich schon in der Wüste gefroren hatte. Vielleicht liegt es daran, dass John schneller fährt oder wir früher unterwegs sind: Es fühlt sich trotz Decke viel kälter als auf der Sandpiste Richtung Sossusvlei an. Die beiden Familien, die mit mir unterwegs sind, wirken nicht weniger ausgekühlt. Nach wie vor spricht keiner. John hält am Tor zum Park und dreht sich um: „Lebt ihr noch?" In seinem Anorak und mit den dicken Handschuhen kann er laut lachen.

Unsere Lebenszeichen fallen gedämpft aus. Wir passieren das Tor. Wieder pfeift der Wind über die offenen Sitze des Transporters. Als ich den Kopf langsam ein Stück zur Seite drehe, sehe ich drei Elefanten langsam in der Dämmerung schreiten.

„Da", ruft John und zeigt auf die andere Seite, „seht ihr das Steppenzebra? Es hat ein Gesicht wie ein Pferd. Das andere, das Bergzebra, hat ein Gesicht wie ein Esel." Eine ganze Herde grast friedlich. Wenige Minuten später sehen wir in der Morgensonne einen Springbock davonhüpfen. „Seine Hörer sind nach hinten gebogen.

Er ist am Ende seines Lebens. Bei den jungen zeigen die Hörner nach vorne."

„Der Alte wirkt dafür, dass er am Ende ist, noch recht lebendig. Jedenfalls lebendiger als wir auf der Ladefläche", rufe ich.

John lacht: „Ja, aber schau dir mal die an!"

Neben uns fliegen Springböcke mit gestreckten Beinen durch die Luft, landen und heben wieder ab.

Ein Straußenpaar hebt neugierig die Köpfe. „Sie sind wirklich gefährlich", ruft John, „mit einem Kick können sie einen Löwen töten oder euch die Rippen brechen. Vor allem wenn sie glauben, ihr Nest verteidigen zu müssen, sind sie sehr aggressiv. Sie sind bis zu 140 Kilo schwer und können bis zu 90 km/h schnell sein. Davonlaufen ist schwierig."

Immerhin wäre mein Körper dann nicht so durchfroren. Ich hoffe, dass die zarten Sonnenstrahlen bald spürbar wärmen. Die anderen heben ebenfalls zaghaft die Köpfe. Jetzt sehe ich, dass sie weniger optimistisch bei der Kleiderwahl waren. Sie haben alle Fleece- oder zumindest gefütterte Jacken an.

„So a Gschmarri", sagt mein Sitznachbar zu seiner Mutter, die eine Bank weiter hinten sitzt.

„Seid ihr Mittelfranken?", frage ich ihn.

„Ja freilich!"

„Und woher?"

„Aus Nernberch."

Er ist Ende Zwanzig, sein Bruder deutlich jünger. Das Paar vor uns, unverkennbar Schwaben, hat zwei Kinder im Grundschulalter dabei. Auch außerhalb des Fahrzeugs sehen wir ausgeprägten Familiensinn oder jedenfalls Muttersorge. Ein weibliches Nashorn mit Kind zieht vorbei, den kritischen Blick auf uns gerichtet. Zumindest kommt es mir so vor.

„Das ist ein schwarzes Nashorn", ruft John.

„Es sieht nicht sehr schwarz aus", sagt der Schwabe.

„Stimmt. Das weiße ist auch nicht weiß", antwortet unser Guide.

Den Satz lässt er stehen – wie die afrikanische Variante eines japanischen Koan, durch das der Meister seine Schüler zum Nachdenken und Meditieren anregen will, ohne die Lösung zu verraten.

Nach einer Weile dreht sich John halb zu uns um. „Eine Erklärung für die Bezeichnung ist: Eine schwarze Frau trägt ihr Baby auf dem Rücken, eine weiße am Bauch."
Er schaut wieder nach vorne. Aha. Aber offenbar vertraut er unserer Kombinationsgabe nicht vollends. „Ihr versteht: Beim schwarzen Nashorn folgt das Kind der Mutter, beim weißen läuft es vorweg."
„Ah – sosososososo", würden die Japaner, die ich kenne, jetzt sagen. Nach einer anderen Erklärung ist die Bezeichnung Folge eines Übersetzungsfehlers: Das Afrikaanswort „wyde" (breit) wurde mit dem englischen „white" verwechselt, so dass das (graue) Breitmaulnashorn fortan als das weiße galt. Für das (ebenfalls graue) Spitzmaulnashorn blieb das Gegenteil übrig.
Den beiden Nashörnern ist die Bezeichnung wohl sehr egal, solange sie zusammen sind – wie auch der Löwenmutter mit ihren Jungen, die John unweit unter einem Baum entdeckt. Entspannt liegen sie auf der Seite, knuffig wie große Stofftiere.
„Ich gehe hin und wecke sie!", John öffnet die Tür. Für einen Augenblick nehmen wir es ihm ab. Er schlägt die Tür zu. „War ein Spaß. Aber möchte einer von euch?" Kurze Pause. „Falls ja: Das wäre sein letzter Weg."
Die Löwin hebt den Kopf, schaut in unsere Richtung, als wollte sie sich vergewissern, ob vielleicht doch einer Johns Späße falsch versteht. Dann dreht sie den Kopf. Wir folgen ihrem Blick. Eine Riesentrappe, der schwerste flugfähige Vogel, stolziert gemächlich durch das ausgedörrte Gras. Beide wissen, spränge die Löwin auf, würde die Riesentrappe zunächst loslaufen und dann ihre 19 Kilogramm in die Luft wuchten. Die Löwin schleckt sich kurz übers Maul. Dann legt sie ihren Kopf wieder auf den Boden und schließt die Augen.
Quasi das Gegenstück zu der Phlegmatikerin sind die hyperaktiven, jungen Springböcke. „Sie kämpfen gerne." Mit diesen drei Worten hat unser Guide ihren Kern beschrieben. Zwei springen mit den Hörnern gegeneinander, lassen ab, fressen hektisch für wenige Sekunden, kämpfen weiter. Einer muss sein Geschäft verrichten. Der andere wartet ungeduldig. Kurz darauf stoßen sie die Hörner erneut aneinander. Auch am Wasserloch werden die permanenten Raufereien lediglich durch kurze Trinkpausen unterbrochen. Bei anderen

Tieren herrscht dagegen große Eintracht, etwa unter den Zebras und Gnus. „Sie sind beste Freunde. Die Gnus riechen gut und sehen schlecht, die Zebras sehen gut und riechen schlecht. Deshalb kommen sie gerne zusammen, um sich vor Löwen zu warnen.“ Bei einigen Beutetieren scheint es eine Solidarität zu geben, die über den beiderseitigen, unmittelbaren Eigennutz sogar hinausgeht. Henno Martin beschreibt, wie sich eine von ihm angeschossene Antilope einmal bis zu einer Höhle schleppte. Eine andere, die zufällig dort graste, hielt für sie eine ganze Nacht Wache.

Wir fahren weiter. Die Sonne wird stärker. Anders als die Termitenhügel, die so ausgerichtet sind, dass sie der Sonne zur heißesten Tageszeit die geringste Angriffsfläche geben, wenden wir uns ihr kollektiv zu, dankbar für jeden wärmenden Strahl. Kurz darauf regen sich in uns zudem warme, fürsorgliche Gefühle. Eine winzige Antilope steht allein am Straßenrand unter einem Strauch.

„Von den Eltern verlassen?“, fragt die schwäbische Mutter vorne.

„Ja, aber schon lange.“ John lacht. „Das ist eine erwachsene Antilope. Dikdik. Sie werden nicht schwerer als fünf Kilogramm. Dort ist übrigens ein Haltepunkt. Muss einer auf die Toilette? Ihr dürft das Fahrzeug ausnahmsweise verlassen.“

Die Zustimmung erfolgt sofort, laut und von allen Sitzreihen. Wer lange genug friert, kann auf diese Frage schnell antworten. Nur vor der Toilette, einem offenkundig intensiv genutzten Dixiehäuschen, zögere ich. Gut, denke ich, hier steht ja eine breite Auswahl an Bäumen. Weil noch zwei weitere Transporter halten, will ich nicht unmittelbar daneben die Hose öffnen. Besser ist es, ein bisschen Sichtschutz suchen, ich gehe einen Baum weiter und noch einen, und weiter um einen Busch herum. Von außen dürfte das etwa so aussehen wie das damalige Ritual des – mittlerweile verstorbenen – Berner Sennenhundes meiner Eltern, der sich stets so lange nach dem passenden Ort umschaute und dann doch wieder umentschied, dass man dachte, er würde wegen seiner Entscheidungsschwäche im nächsten Augenblick platzen. Tatsächlich finde ich irgendwann den richtigen Baum, so weit weg, dass ich die anderen Rastenden und deren Fahrzeuge nicht mehr erkenne. Interessant, denke ich, dass man sich so frei bewegen kann. Der Bereich ist nicht abgezäunt. Käme ein hungriger Löwe vorbei, hätte er leichtes Spiel. Der

Gedanke breitet sich in meinem Kopf aus. Ich versuche, ihn zu bremsen: John weiß, was er tut. Trotzdem laufe ich schneller und zielgerichteter zurück als hin.
„Sag mal John, warum ist es hier denn sicher? Mögen die Löwen den Platz nicht?"
„Es ist nicht sicher. Wenn man am Auto bleibt, kann man schnell reinspringen. Aber du darfst dich nicht zu weit entfernen. In der Nähe ist ein Wasserloch, zu dem die Löwen kommen."
Gut, dass wir das geklärt haben. Wenige Fahrminuten später sehen wir fünf Löwen, zwei erwachen gerade aus dem Mittagsschlaf, die anderen drei trotten langsam umher und schauen gelangweilt. Wir sind nicht die einzigen, die sie beobachten. Binnen kurzer Zeit rangieren fünf weitere Transporter beziehungsweise Geländewagen, für die bestmögliche Sicht auf die Raubkatzen.
„John, was mir auffällt: Fast alle Fahrzeuge sind weiß. Ist das so, weil der weiße Staub auf diesem Lack weniger stört oder zur Tarnung? Oder wegen der Hitze?"
Er lacht: „Das sind Vorteile. Vor allem ist es billiger. Wenn du in Namibia ein Auto wegen einer Macke reparieren lässt und es neu lackiert werden muss, ist das teuer. Am billigsten ist noch die Farbe Weiß. Deshalb sind selbst in den Städten die meisten Autos weiß. Nur wer viel Geld übrig hat, wählt eine andere Farbe, um das zu zeigen."
Wir steuern auf „den großen weißen Platz" zu. „Die Pfanne ist 130 Kilometer lang und etwa 70 Kilometer breit. Sie macht etwa ein Viertel des Parks aus", sagt John, „der Park war früher allerdings viermal so groß wie heute. Da man den Herero, den Ovambo und anderen Stämmen Land zuweisen wollte, wurde der Park deutlich verkleinert. Das ist für Tiere, die viel Platz brauchen und weit wandern, ein Problem."
An einem Wasserloch am Rande der Pfanne herrscht gerade ebenfalls Platzmangel. Über 40 Zebras drängen sich zwischen Oryxantilopen, Straußen und unzähligen Springböcken. In der Pfanne selbst schreiten langsam drei Oryx hintereinander. „Großer Platz des trockenen, weißen Wassers" lautet eine weitere der zahlreichen Übersetzungen des Namens Etosha.

„Lunch nehmen wir am Wasserloch in Okaukejo ein", sagt John. Springböcke stehen dort bis zum Bauch im Wasser oder machen das, was John so prägnant zusammengefasst hat. Wir haben eine Stunde Zeit. Ich verlasse die Gruppe, gehe an den teuren Bungalows vorbei, von denen aus man das Wasserloch auch in der Nacht beobachten kann. Neben einem Pool für die Übernachtungsgäste steht der helle, runde Aussichtsturm, der schon früher für Wildbeobachtungen genutzt wurde. Von oben schaue ich weit in den Park, über die salzverkrustete Pfanne und die Grassavanne mit Salzsträuchern, die stellenweise in eine Baumsavanne mit Mopanebäumen übergeht. Vor diesen bewegt sich langsam und lautlos ein graues, vereinzelt unterbrochenes Band in mein Blickfeld. Es sind über 30 Elefanten, vermutlich die Herde, die ich gestern am Wasserloch sah. Ruhig und gleichmäßig marschieren sie, gleichwohl so mächtig, als ob nichts diesen Zug aufhalten könnte. Ich fühle mich wie ein einsamer Beobachter auf dem Turm einer mittelalterlichen Festung, der ein großes Heer heranziehen sieht. Direkt unter mir dösen auf Liegen um den Pool Gäste, nicht ahnend, welches Schauspiel sich 200 Meter von ihnen entfernt abspielt. Die Herde steuert zielsicher auf das Wasserloch zu. Davor muss sie die Zufahrtsstraße zum Camp überqueren, auf der Fahrzeuge unterwegs sind. Die ersten Insassen entdecken die Elefanten und bleiben stehen. Weitere folgen dem Beispiel. An der Straße reihen sich binnen Minuten zahlreiche Geländewagen eng aneinander. Was die Fahrer – anders als ich – nicht sehen: Sie befinden sich zwischen der Herde und dem Wasserloch. Als die ersten merken, dass die grauen Riesen nicht abdrehen, sondern mit der Konsequenz eines Panzerfahrers direkt auf sie zu halten, leuchten Bremslichter auf. Hektisch werden die Wagen rangiert. Doch beim Aneinanderreihen blieb dieses Szenario unbedacht. Den Knoten können die Fahrer nicht mehr auflösen. Sofort kommen mir die Fotos im Büro der Autovermietung in den Sinn. Indessen bremsen die Elefanten keineswegs ab. Sie werden aber auch nicht schneller oder wackeln gar mit den Ohren. Tatsächlich findet das Leittier zwischen den Fahrzeugen eine Lücke, durch das es mit stiller Kraft navigiert. Die anderen folgen gelassen. Ich stelle mir vor, wie die Fahrer, deren Motorhaube die bis zu vier Meter großen und sechs Tonnen schweren Riesen mit ihren gewaltigen Stoßzähnen fast streifen, murmelnd schwören, bis an ihr Lebensende immer einen großen Sicherheitsabstand zu anderen Autos einzuhalten. Vielleicht denken sie noch kurz daran, dass dies jedenfalls kein Fall ist, in dem die Versicherung einspringen wird. Das Fotografieren dürften sie vor Aufregung vergessen, wenn nicht auf der Rücksitzbank ein halbwüchsiger Adrenalinjunkie sitzt, der sein Smartphone zückt, um dieses „voll krasse Bild" posten zu können. Auch wenn ich in diesem Leben kein einziges Bild posten werde – ich habe die Ruhe, meine Kamera zu zücken.

Danach steige ich vom Turm und laufe zum Wasserloch, wo sich ein bekanntes Verhaltensmuster wiederholt. Heute wird zwar kein Außenseiter verscheucht. Aber ein kleiner (vermutlich *der* kleine) Elefant schaut sich um, stellt die Ohren auf und rennt – jetzt sogar trompetend – auf die Springböcke zu, die auseinanderstieben. Das inspiriert einen großen Bullen zu einem ihm angemessenen Spaß. Als sich fünf Oryx im Wasserloch gemütlich eingerichtet haben, blickt er vom Rand aus in ihre Richtung, schlackert seine riesigen Ohren und deutet einen Schritt an. Das genügt. Mit großen Sätzen springen sie weg. Er scheint sich fast so sehr darüber zu freuen wie sein junger Artgenosse.

Vielleicht hat er ja nur Spaß gemacht, denken die Antilopen nach einer Weile. Als sie sich erneut herantasten, genügen zwei Schritte des Elefanten in ihre Richtung, um sie für die nächsten fünf Minuten zu verunsichern. Zwei besonders rauflustige Springböcke sind dagegen so in ihre Lieblingsbeschäftigung vertieft, dass sie keine zehn Meter weiter den großen Bullen vollauf ignorieren. Davon ist das Kamelpeerd ungefähr so weit entfernt wie sein Kopf von der Wasserfläche. John sagt, er habe vorhin Löwen hinter den Büschen gesehen. Als hätte sie das gehört, zieht die Giraffe mit einem Sprung die leicht gespreizten Beine wieder zusammen. Aber ihr Durst überwiegt schließlich die Angst, denn kurz darauf hat sie sich vorne abgesenkt. Als sie das Wasser schmeckt, verharrt sie lange, als würde sie sich sagen: Jetzt lass ich fünfe gerade sein. Ihre Kühnheit bleibt – jedenfalls solange wir zuschauen – ungestraft.

John ruft uns zum Auto. Als mein Sitznachbar vor mir hochklettert, sehe ich eine große „Club"-Tätowierung auf der Wade. Sicher eine passende Stelle für einen Fußballer im Allgemeinen und einen

Nürnberg-Fan im Speziellen, ist so eine kräftige Wade doch ähnlich starke Strapazen gewohnt wie das Nervenkostüm der Anhänger des Traditionsvereins. Keiner friert mehr, wir haben ein wunderbares Thema, die Stimmung ist gelöst. Trotzdem taste ich mich behutsam vor, ich habe in meinem Leben einige verbale Minenfelder durchquert. Mein Nachbar in Würzburg hatte lange Zeit eine Dauerkarte für die Heimspiele des Clubs, einmal nahm er mich mit. Wir standen direkt neben dem Block der Ultras, die zugegebenermaßen eine energiegeladene Stimmung verbreiteten, welche direkt zu uns herüberschwappte. Alle in meinem unmittelbaren Umkreis schienen sich wie eine große Familie zu kennen, eine junge Frau sprach mich an: „Ja sach amal. Dich hab ich hier aber noch ned gsehn."

Da liege sie richtig, antwortete ich, und in einem Anflug von Übermut und Ehrlichkeit (aber nicht allzu laut): „Ich freu mich ja, wenn der Club gut spielt, aber ich bin für den anderen bayerischen Verein in der Liga. Und das ist nicht Augsburg."

Sie starrte mich kurz an, zollte aber dem Mut Respekt: „Wenn du das laut sagst, kommst du hier nicht mehr raus." Dann lachte sie leicht kopfschüttelnd in sich hinein.

Ähnlich reagiert jetzt mein Sitznachbar.

„Das ist so, seit ich Kind bin. Wir hatten Verwandte in München und ich war schon als Grundschüler im Olympiastadion." Seltsam, denke ich im nächsten Moment, es ist, als würde ich mich für etwas Unmoralisches oder einen Makel rechtfertigen.

„Ja, passd scho", sagt er. Stolz erzählt er, wie er auf einer Düne in Sesriem mit Trikot posiert habe, während hinter ihm eine Oryxantilope vorbeigelaufen sei. Vielleicht komme das Bild ins Clubmagazin. Seine Mutter hat ein ganz anderes Fotomotiv entdeckt. Eine Nashornmutter trottet mit seinem Jungen im Schlepptau. „Ein schwarzes!", erkennt die Schwäbin vorne sofort. Die beiden sind ein Stück entfernt, aber die Nürnberger zeigen mir einen raffinierten Kniff. Sie fotografieren mit dem Smartphone durch das Fernglas. Die kreisrunden Fotos haben etwas für sich, vor allem aber kann ich damit die zwei Spitzmaulnashörner näher heranholen als mit meiner Kamera. Sie kommen uns allerdings auch körperlich näher. Langsam trotten sie im spitzen Winkel auf die Straße zu. Die Nashörner haben unser Auto passiert.

„John, könntest du 50 Meter zurücksetzen?“, rufe ich.
„Oh yeah!“ Zackig legt er den Rückwärtsgang ein, gibt Gas, staubt uns kräftig ein und lacht. Die Nashornmutter hebt kurz den Kopf, bleibt aber in ihrem Schrittrhythmus. Mittlerweile verzichten wir beim Fotografieren auf das Fernglas.
„Mensch, jetzt ist mein Akku leer! Und sie sind so nah!“, ruft die Nürnbergerin.
Das findet wohl auch das Junge, das nun nicht mehr hinter, sondern auf der uns abgewandten Seite der Mutter läuft. Die schreitet unbeirrt weiter.
„John, nochmal 50 Meter!“ Der Schwabe vorne hat offenbar genügend Akku.
„Na klar!“ Wieder staubt er uns lachend ein. Sie sind einen Steinwurf von uns entfernt, ein wunderschönes Bild.
„Wenn nur der Akku ned leer wär.“ Mein Sitznachbar bohrt in der Wunde. Aber mittlerweile ist die Lust am Fotografieren dem kollektiven Staunen gewichen.
„Nochmal zurück!“, ruft der Schwabe. Die zwei gehen mittlerweile fast parallel zur Straße, 20 Meter von uns entfernt. Was für ein Anblick! Alle schauen gebannt.
„Des is abbr a bissle arg nah!“, ruft die Schwäbin. Derart deutlich brach der Dialekt bislang bei ihr nicht durch. Die Nashornmutter hebt den Kopf und dreht ihn in unsere Richtung.
John legt den Vorwärtsvorgang ein und fährt hastig los. Die Mutter meines Sitznachbarn ist glücklich. Sie hat fast alle Tiere gesehen, die sie sehen wollte. Nur eine Giraffe hätte sie noch gerne fotografiert. Aber selbst wenn welche da wären, der Akku ist ja leer, grinst ihr Sohn.
Dabei wird uns schon das nächste bemerkenswerte Bild geboten: Eine Gruppe Impalas sichert sich und vor allem ihre Jungen gegen Löwen. Während die kleineren Antilopen grasen, halten die großen Ausschau. An einer exponierten Stelle steht ein Tier allein. „Er ist besonders wichtig“, lacht John. „Er ist McDonalds für die Löwen. So schützt er die anderen.“
Tatsächlich sehen wir unweit einige Löwen, die aber nicht daran denken, sich jetzt zu verausgaben. Unter einem kleinen Bäumchen ruhen sie sich aus. Wir sind ebenfalls müde und blicken schweigend auf

die spärlich bewachsene weiße Ebene. Mittlerweile kühlt der Fahrtwind angenehm die stechende Sonne auf der Haut ab.
Zurück im Camp verabschieden wir uns herzlich von John. Neben meinem Nissan kniet ein Warzenschwein, ich vermute, es ist das gestrige. Wir sind beide wesentlich entspannter als bei unserer ersten Begegnung, weshalb ich am Abend auch wesentlich entspannter neben dem Gaskocher sitze und meine Boerewors mit Gemüse esse, während das Warzenschwein ebenso gelassen irgendwo um mich herum in der Dunkelheit sein Abendessen genießt.
Vielleicht sind wir uns zu vertraut, fühlen uns zu sicher, denn das „Irgendwo" ist plötzlich sehr nah. Als ich aus dem Waschraum kommend mit einem Satz über eine kleine Mauer nach unten springe, lande ich fast auf seinem Vorderbein. Wir erschrecken beide, ich halte die Luft an, das Schwein gibt einen Laut zwischen Grunzen und Quieken von sich und springt davon. Mit meinem Handtuch in der Hand schaue ich ihm nach. Vorsichtig taste ich mich zu meinem Platz und weiter über den Trampelpfad zu dem belebten Restaurant des Camps. In einem Innenhof spielen zwei Gitarristen an einem kleinen Lagerfeuer. Ich sitze auf einem Barhocker an einem hohen Tisch, trinke Gin Tonic und mache mir ein paar Notizen. Kurz darauf stehen die Nürnberger vor mir.
„Du glaubst es nicht", sagt die Frau, „direkt vor meinem Zimmer standen drei Giraffen!"
„Aber", grinst der ältere Sohn, „der Akku war leer."
„Nein!", rufe ich.
„Doch!", ruft die Mutter.
„Ohhh!"
Sie lachen.
„Aber sie hat ja uns dabei", sagt der Ältere, „und wir haben fotografiert."
„Der Tag ist gerettet."
„So kann es weitergehen", nickt die Mutter zufrieden lächelnd und erzählt von ihrem Reiseplan. Sie fahren über den Caprivizipfel bis Botswana.
„Wenn die Reifen mitmachen", wirft der Sohn ein. Am ersten Tag ist der Vater sorglos über die Wellblechpiste im Süden des Landes gebrettert. Auf die zaghaften Nachfragen seiner Mitfahrer, ob er

glaube, dass das so gut sei, nickte er lediglich. Die Reifen waren bald anderer Meinung. Alle vier mussten gewechselt werden. Obwohl sie langsamer weiterfuhren und den größten Löchern fortan auswichen, macht zumindest einer der aufgezogenen Ersatzreifen nicht mehr den frischesten Eindruck.

„Wie mein linker Vorderreifen", sage ich.

„Aber du hast noch zwei, oder?"

„Das stimmt, ich will nur nicht morgen wechseln müssen, wenn ich allein durch den Etosha fahre."

„Sag mal", wendet sich die Frau mir zu, „was mich interessieren würde: Wir schlafen ja immer in einer Lodge. Aber wie ist das, wenn man im Dachzelt schläft? Du wachst früh auf, und dann? Ist es nicht kalt? Was machst du als erstes?"

Ich überlege, was sie meint. Für sie ist der Gang ins Bad und danach in den Frühstücksraum selbstverständlich. Ich bereite am Vorabend den nächsten Tag vor, indem ich alles so positioniere, dass ich es am Morgen in der richtigen Reihenfolge griffbereit habe. Wenn ich aufwache, hole ich die Kleider in den Schlafsack, um sie aufzuwärmen. Falls es sehr kalt ist, ziehe ich mich im Schlafsack um. Ist es noch dunkel, setze ich die Stirnlampe auf, klettere die Leiter hinunter und mache mir einen Tee. Sobald ich mich bewege, fließt der Tag.

„Aha!", antwortet die Familie fast gleichzeitig. Wir sitzen selig lächelnd eine Weile zusammen und hören der Band zu. Als ich aufbreche, begleitet mich diese mit „Hotel California" unter unzähligen Sternen zu meinem Zelt. Ich freue mich darauf, draußen zu schlafen.

Zwölf

Etosha – Onguma

„Selbst wenn die Tiere aller Menagerien der Welt frei umherliefen – es wäre kein Vergleich zu dem Schauspiel, das ich heute gesehen habe."

Gerald McKeirnan

Mein Blick wandert wieder hoch zu den Sternen. Was ich gestern bei der Beschreibung meines morgendlichen Ablaufs nicht erwähnte: Es schmeckt anders als im Frühstücksraum. Die Cornflakes haben nach wie vor eine staubige Note, der Duft des wärmenden Tees zieht durch die Nase tief in den Körper. Und ich bin voller Dankbarkeit für den intelligenten Aufbau des Fahrzeugs. Ich erreiche von drei Seiten die Ladefläche, jede Kiste, jedes Werkzeug, ohne mich zu verrenken. Die Ausstatter haben an so viele Gegenstände gedacht, die im Alltag zu Hause keine Rolle spielen. Hier ist es wichtig, dass ich mit dem Kompressor Luft in den linken Vorderreifen pumpen kann. Ich hoffe, er bringt mich durch den Tag. Knapp 200 Kilometer bis zum Lindequist Gate im Osten liegen vor mir. Die Reifen werden auf den Rillenpisten mit tiefen Schlaglöchern und spitzen Steinen gefordert.

Heute schaue ich wesentlich tiefer sitzend nach Tieren oder auf die Straßenkarte. Meine Route orientiert sich an den Wasserstellen. John sagte gestern, in dieser Jahreszeit seien die Chancen, auf Tiere zu treffen dort am größten: Anders als in der Regenzeit treibt sie der Durst zu den teils künstlich angelegten Wasserlöchern.

Neben mir laufen Zebras zum Wasserloch Nebrownii, wo bereits ein Straußenpaar inmitten zahlreicher Springböcke trinkt. Bei Odangab sehe ich ein Nashorn, bei Charitsaub haben sich Gnus eingerichtet. Nach einer Weile gesellt sich von der anderen Seite eine Zebraherde dazu. Alles wirkt friedlich, die Eintracht schläfert mich beinahe ein, bis ich im Augenwinkel sehe, dass eine Frau im Jeep neben mir aufgeregt nach rechts deutet. Eine Löwin liegt geduckt unter einem Busch, dahinter verharren gestaffelt wie in einer Gefechtsformation drei weitere und ganz hinten beaufsichtigt eine Löwenmutter drei Junge.

Die Gnus nehmen Witterung auf, einige schnellen plötzlich hoch, die Herde wird panisch. Die vorderste Löwin ist bis in die letzte Muskelfaser angespannt. Zwei große Gnus rennen auf die Gruppe der Raubkatzen zu, doch deren Anführerin scheint sie zu ignorieren. Sie fokussiert ein kleines Gnu, springt auf und an den zwei großen

Antilopen vorbei. Deren Ausbruch hat den übrigen die Sekunden verschafft, die sie brauchten, um sich zu sortieren. Die Herde mit dem Kleinen kann fliehen. Die Löwin lässt auslaufen, dreht ab und beschnuppert auf dem Rückweg ausgiebig einen kleinen Baum, als wollte sie den anderen sagen: Das war kein Fehlschlag. Ich wollte von vornherein nur zu diesem Bäumchen und habe nebenbei ein bisschen gespielt.

Die Zebras nahmen ihren Vorstoß hingegen sehr ernst und galoppierten sicherheitshalber davon. Die kleinen Löwen oben am Hügel geben sich unbeeindruckt. Sie gähnen herzhaft. Ich war so aufgeregt, dass ich lediglich einen Teil des Spektakels filmte. Während die Gejagten flüchteten, nahm ich wackelnd blauen Himmel auf. Auch wenn ich in Tierfilmen bereits einige Jagdszenen gesehen habe, so unmittelbar vor der Motorhaube mit offenem Ausgang und ungeschnitten fühlt es sich ungleich lebendiger an, fast so als spielte ich zwischen Jägern und Gnus eine dritte Rolle, wobei die Löwen mich wohl eher auf Seite der Beutetiere einordnen würden. Ihre Anführerin legt sich wieder unter ihren Busch. Schon nähert sich eine Gruppe Antilopen. Das Wasserloch bietet den Raubkatzen einige Appetithappen, wenngleich diese Gruppe den Braten riecht und nach kurzem Zögern weiterzieht. Dafür kehren die Zebras nach einer Weile zurück, bleiben jedoch auf der gegenüberliegenden Seite des Wasserlochs. Sie trinken nacheinander, um eine möglichst große Distanz zu den Büschen zu wahren, unter denen die Löwen liegen. Jeder weitere Meter kann der entscheidende sein.

Ich fahre wieder auf der Straße, die hier – wie ein Reiseführer treffend schreibt – stellenweise sehr „unbehandelt“ ist. Mit schnellen Lenkbewegungen versuche ich den Schlaglöchern auszuweichen, damit das Auto nicht so hüpft wie die Springböcke neben mir. An der Wasserstelle Suede sammeln sich etwa 60 ihrer Artgenossen. Bei Salvadora stehen Zebras eng beieinander, einige den Kopf beziehungsweise Hals an dem des Gegenübers. Hinter ihnen befindet sich die weiße Salzpfanne, im Umkreis der Wasserstelle ist es grün. Gnus liegen unbewegt im Gras. Die Tiere, die nicht liegen oder stehen, bewegen sich langsam. Es ist still. Ein leichter Wind zieht durch meine geöffneten Fenster. Ein Zebra nähert sich dem Wasser. Leise klacken die Hufe auf den nassen Steinen. Es trinkt, hebt den Kopf. Abermals

ist es vollkommen ruhig. Die Stille der Salzwüste legt sich über alles. Die Zebras, die sich aneinanderschmiegen, verharren reglos. Die Zeit bleibt für einige lange Momente stehen.
Irgendwann blicke ich auf die Uhr. Ich muss weiter. Die Vegetation verdichtet sich zu einem kleinen Wald. Vor mir sind plötzlich einige Autos. Glaubt man der Regel von den zwei haltenden Fahrzeugen ist angesichts dieser Straßensperre Außerordentliches zu erwarten. Und ich liege richtig. Ein Engländer flüstert mir von seinem Auto aus durch die geöffnete Scheibe voller Ehrfurcht zu: „Leopard!"
Das ist der, von dem es heißt, dass man ihn nie sieht, weil er sich so gut versteckt. Ich sehe ihn auch nicht und das relativ dichte Wäldchen ist ungeeignet, in mir entsprechende Erwartungen zu wecken. Ich schaue immer abwechselnd links in den Wald und rechts auf die Straße, in der Hoffnung, dass sich zumindest irgendwann der Knoten löst. Ich blicke wieder nach links. Plötzlich schreitet er elegant und geräuschlos 15 Meter von einem Auto entfernt vorbei, bleibt kurz stehen, sieht sich seelenruhig um und schleicht weiter. Ich fasse es nicht. Er fühlt sich sicher, andernfalls wäre er der Straße nicht so nahegekommen. Die Gesichter der Zuschauer neben mir sind still verzaubert, sie schweigen andächtig. Was der Anblick eines Tieres bewirken kann.
Langsam und rücksichtsvoll wird der Stau aufgelöst. Auf Höhe des Wasserlochs Nuamses glänzt die Pfanne wie ein grünliches Meer. Nur hier kann man in den „Ort der Leere" hineinfahren. Das aus der Bantusprache Swahili stammende Wort „Safari" bedeutet schlicht „Reise". Roger Willemsen leitet in „Enden der Welt" ab, dass der Reisende eigentlich sich selbst bereise, seine innere Landschaft. Was er aber nicht in sich selbst erkennen wolle, sei eine wüste, unbehauste, unwirtliche Landschaft.
Allein durch das „weiße Nichts" zu fahren, hat für mich nichts Bedrohliches, im Gegenteil schenkt es mir das Gefühl unbegrenzter Freiheit. Kein Tier, kein Baum, kein Strauch sind zu sehen. An einem Wendeplatz steige ich aus. Der Boden ist sandig-lehmig. Der Wind streicht über die riesige Ebene. Sonst ist kein Geräusch zu vernehmen. Ab jetzt bewege ich mich noch langsamer als bisher. Die zulässige Höchstgeschwindigkeit im Park beträgt 60 km/h, weil sich der aufgewirbelte Staub auf die Pflanzen legt und die Photosynthese

stört. Ich fahre maximal 40, manchmal Schrittgeschwindigkeit, wenn unbekümmerte Antilopen die Straße queren, manche – wie ich meine – aufreizend langsam. Ein Steinböckchen bleibt in der Mitte stehen, blickt mich an, bevor es gnädig weiterschreitet. Es zeigt deutlich, wer zu warten hat.

Die wirklichen Regenten sind jedoch andere: Bei Springbokfontein sehe ich vier große Elefanten sich mit Schlamm bespritzen. Dieses Bild war wohl auch entscheidend bei der Namenswahl des Wasserlochs Olifantsbad. Die Elefanten sind stete Begleiter auf meinem Weg Richtung Osten, nicht immer leibhaftig, aber ihre augenfälligen Hinterlassenschaften lassen mich permanent mit einer plötzlichen Begegnung rechnen. Ich weiß nicht, wie viel davon auf Rechnung eines Bullen geht (die weiblichen würden, hätten sie ein menschliches Selbstverständnis, vermutlich alles in Abrede stellen). Aber allein im Hinblick auf die Mengen, die ich auf den Straßen gesehen habe, muss sich der Bestand gewaltig erholt haben. Die offiziellen Zahlen bestätigen den Eindruck: Wurden 1954 lediglich 26 Tiere im Park gesichtet, hat sich die Anzahl mittlerweile mehr als verhundertfach. Weil sich diese Entwicklung auf den Pflanzenbestand (ein ausgewachsener Elefant frisst täglich über 17 Stunden hinweg bis zu 200 Kilo Pflanzenmaterial) und den Zustand einiger Wasserstellen ungünstig auswirkt, wurden in den 80er Jahren in zwei Jagdzügen über 500 Elefanten geschossen und Teile des Fleisches sowie des Elfenbeins verkauft. Von weiteren Abschüssen nahm man nach internationalen Protesten Abstand. Alle anderen Ideen zur Reduzierung der Population sind laut John zu teuer oder nicht erfolgversprechend, weshalb die Elefanten weiter ihren Teil dazu beitragen, dass eine weitere Übersetzung des Parknamens die Realität wiedergibt: Die von den Odonga, einem Ovambo-Stamm, für die Pfanne ausgewählte Bezeichnung „Etotha“ bedeutet „Der Platz, an dem keine Pflanzen wachsen.“ Weil die Europäer Schwierigkeiten mit der Aussprache hatten und sie nicht zwischen Pfanne und Umgebung unterschieden, wurde daraus „Etosha“.

Die Europäer, genauer gesagt die Deutschen, hatten mit dem Ovambo-Stamm aber noch ganz andere Probleme. Die Kolonialregierung baute zur Eindämmung der Rinderpest einen tierärztlichen Kontrollposten, der bis 1903 zu einer Militärstation verstärkt wurde.

Das Fort Namutoni war den Odonga ein Dorn im Auge, unter anderem, weil die Deutschen von dort aus die Handelswege kontrollierten. Als sich die Herero gegen die Kolonialmacht erhoben, sah der Odonga-Anführer Nehale Iya Mpingana eine günstige Gelegenheit, die Festung zu zerstören, da deren Besatzung zur Unterstützung der deutschen Farmer weitgehend abgezogen worden war. Im Januar 1904 griffen 500 bewaffnete Ovambo das von vier Soldaten und drei Farmern bewachte Fort an. Was diese sich beim Anblick der 500 dachten, weiß ich nicht, aber sie waren – so lese ich – recht überrascht, da der Stamm bis zu diesem Zeitpunkt als friedlich galt. Die Verteidiger konnten zwar die Schlacht anders als „Die sieben Samurai" oder „Die glorreichen Sieben" nicht für sich entscheiden, aber auf fast ebenso wundersame Weise zumindest überleben. Denn nicht nur die Deutschen täuschten sich. Die Ovambo interpretierten eine auf dem Turm des Forts gehisste Flagge als unmittelbar bevorstehende Ankunft einer Verstärkung, brachen den Angriff ab und entschieden sich vorerst für eine Belagerung, um ihre Einschätzung zu verifizieren. Meistens ist so ein Abwarten bei unklarer Sachlage klüger, wird doch meist viel zu schnell aus der Hüfte geschossen. Hier wirkte es sich indes vor allem für die Deutschen vorteilhaft aus, die in der Dunkelheit aus dem Fort flohen, das die Angreifer – verblüfft über die fehlende Gegenwehr – am Folgetag stürmten und niederbrannten. Von 1905 bis 1907 baute die Schutztruppe die Festung mühsam wieder auf. Vor den nächsten Angreifern schützten die hohen Mauern allerdings nicht: Nach Niederschlagung der Nama- und Hereroaufstände ging die größte Gefahr von den Moskitos aus. Als zu viele Soldaten von der Malaria ausgeschaltet wurden, verzichtete man fortan auf eine Besatzung.

Immerhin bieten die gut erhaltenen weißen Mauern und Türme dem Besucher – ich bin der einzige – einen fantastischen Blick über die Savanne. Der Name des Forts ist von dem Oshivambo-Wort „Onamutune" abgeleitet: „Platz, von dem man weit schauen kann". Auch mit der Aussprache dieses Namens taten sich die Weißen schwer. Er mutierte zu „Onamutoni" und schließlich zu „Namutoni". So wird es in dem als „Museum" bezeichneten, kleinen Räumchen auf eng zusammengestellten Schautafeln erklärt, die mit mehr Fakten über die Kolonialvergangenheit aufwarten als das ungleich größere Unabhängigkeitsmuseum der Hauptstadt. Nach wie vor bin ich allein. Im schicken Restaurant des Camps sind dann ein paar Gäste, aber keine Kaffeemaschine. Ohne Cappuccino verlasse ich das Camp und – drei meinen Weg kreuzende Giraffen später – durch das Lindequist Gate den Etosha.

Nach 500 Metern biege ich in den nächsten gesicherten Park ein, das Onguma Reserve. Es ist ein privates, 70 Quadratkilometer großes, dicht bewachsenes Reservat, in dem Nashörner, Löwen, Leoparden und Geparden besonders gut zu beobachten sein sollen. Von Elefanten lese ich nichts. Vielleicht fürchten die Inhaber zu sehr um ihre vornehme Anlage mit teuren Lodges und exklusiven Wasserstellen. Von Restauranttischen kann man direkt auf ein angelegtes Wasserloch schauen, das nachts beleuchtet wird. Die Stühle sind nebeneinander aufgestellt. Das erste Mal sah ich eine solche Ausrichtung in München: Am Odeonsplatz und in der Leopoldstraße sitzen die Gäste der Cafés im Sommer draußen nicht gegenüber, sondern in der Reihe, um gemeinsam die Passanten begutachten zu können. Der Blick auf die gepflegte Wasserstelle ist gewiss ansprechender.

Am Eingang zum noch verwaisten Lokal taucht ein Angestellter auf. Wir tauschen die üblichen Begrüßungssätze aus.

„Ist hier die Rezeption?“, frage ich.

„Nein.“ Er grinst.

„Und wo ist sie?“

„Diesen Weg entlang, vorne rechts, nach 200 Metern links, die dritte rechts, 300 Meter gerade aus, die zweite links.“

„Wow. Das ist sicher einfach zu finden.“

„Ja.“

Ich gehe zum Auto zurück.

„War ein Spaß. Sie ist hier.“ Er lacht laut.

Auch John baute gestern in etwa jedem zehnten Satz eine kleine Fopperei ein, die – vor allem am Anfang – nicht gleich zu durchschauen war. Jedes Mal freute er sich diebisch aufs Neue, wenn einer ungläubig nachfragte. Im Laufe des Tages erkannten wir, wann wieder Zeit für einen Gag war, und winkten am späten Nachmittag müde lächelnd ab. Seiner Freude tat das keinen Abbruch.

Der Rezeptionist verfügt über einen ähnlichen Humor. Er fragt, wie lange ich bleibe.

„Zwei Nächte."
Er runzelt die Stirn. „Moment!" Er blickt in seine Übersicht, dann zu mir: „Gebucht ist eine Übernachtung! Der Platz ist ab morgen anderweitig vergeben."
„Das kann nicht sein. Hier!", ich krame in meinen Unterlagen. „Ich habe einen Voucher für zwei Nächte."
Seine Miene wird sehr ernst. Er schaut auf den Voucher: „Hey, da steht eine Nacht!"
Ich grinse breit: „Ach so!"
„Ahhh!" Er lacht und klopft sich auf den Oberschenkel. Ohne weitere Späße beschreibt er mir den Weg zu meinem Campingplatz inmitten des dichten Waldes. Ich parke das Auto zwischen hohen Bäumen, ziehe mich um und gehe in Badehose Richtung Pool. Im feuchten Boden sinken die Badeschuhe ein. Kurz darauf stehe ich vor einem zweieinhalb Meter hohen Zaun. Stünde ein Löwe auf der anderen Seite, böte ich ihm in der Badehose mit Handtuch über dem Arm gewiss ein interessantes Bild. Ob ihn, sollte er Hunger haben, der Zaun tatsächlich abhalten würde? Gut, denke ich, die Verantwortlichen des Camps wissen, was sie tun.
Nach ein paar kurzen Bahnen stolpere ich in den Badeschuhen wieder zum Stellplatz. Mit Einbruch der Dämmerung beginnen die Grillen laut zu zirpen. Im Lokal genieße ich – seit gefühlt langer Zeit – gut zubereitete Nudeln. Keinen Steinwurf von mir entfernt läuft von links eine Oryx zum Wasserloch und trinkt. Später gehe ich ein Stück am Zaun entlang, dann zurück in das Dachzelt.
Ich denke an Naomi, die mich vor ein paar Wochen fragte: „Wie heißt das Lied über die Löwen, in dem der Mann so hoch singt?"
„Ee-e-e-um-um-a-weh", singe ich leise und hoffe, sie schlafen auch heute Nacht.

Dreizehn

Onguma – Waterberg

„Ich kenne genug Stämme in Afrika. Sie gleichen sich alle in dem Gedankengang, dass sie nur der Gewalt weichen. Gewalt mit krassem Terrorismus und selbst mit Grausamkeit auszuüben, war und ist meine Politik. Ich vernichte die aufständischen Stämme in Strömen von Blut und Strömen von Geld. Nur auf dieser Aussaat kann etwas Neues entstehen."

Lothar von Trotha

Nach einer milden Nacht werde ich vom Gezwitscher der Vögel geweckt. Über 300 Arten soll man hier beobachten können. Die wenigen in meiner Umgebung veranstalten ein kleines Konzert, mit dem sie das Froschquaken aus dem Wasserloch und das Zirpen der Grillen übertönen.
Zurück auf der Straße sehe ich das erste Mal seit Swakopmund dichtere Wolken. Am Rand grasen dicke Rinder vor einer üppig bewachsenen Buschlandschaft. Hinter ihnen ist ein scheinbar endloser Zaun. Nach Ausbruch der Rinderpest 1897 begann man mit der Errichtung des „Veterinärzauns". In den 60er Jahren wurde er nach einer grassierenden Maul- und Klauenseuche als „Rote Linie", die als solche noch auf alten Landkarten zu erkennen ist, über 6600 Kilometer von Ost nach West gezogen beziehungsweise verstärkt. Ein weiterer, der südafrikanischen Apartheidpolitik sehr willkommener Effekt war, dass man unter der offiziellen Zielsetzung „Schutz des Viehs vor Infektion" auch die Trennung der Weißen von den im Norden lebenden Stämmen erleichterte. Bis 1977 musste jeder Ovambo eine Genehmigung vorweisen, wenn er den Grenzzaun passieren wollte. Mittlerweile ist der Zaun mangels Instandhaltung auffallend durchlässig. Trotzdem werden Tiere aus dem Norden vor der Schlachtung im Süden weiterhin drei Wochen in Quarantäne gehalten.
Die zahlreichen Warzenschweine fühlen sich zwischen Straße und Zaun sichtlich wohl. Ich wäre ähnlich entspannt, wenn demnächst eine Tankstelle am Rand auftauchen würde. Im Vertrauen auf die Größe des Tanks verzichtete ich in Namutoni darauf, mich in die Warteschlange an der Tankstelle einzureihen. Zuvor hielt ich das ebenfalls nicht für erforderlich. Doch mittlerweile ist die Nadel tief abgerutscht. Auf langen Geraden nähere ich mich endlich Tsumeb. Bekannt ist das Bergwerk der Stadt, in dem mehr als 260 verschiedene Mineralien gefördert wurden. Der Ortsname ist – nach einer der vielen etymologischen Theorien – abgeleitet vom Wort „tsomsoub", das man übersetzen kann mit: „Ein großes Loch in den losen Boden graben, das immer wieder zusammenbricht." Und so ergiebig

ein kleines Wort für eine umfangreiche Übersetzung sein kann, war der hiesige Boden für die Buschleute. Bereits in der Urgeschichte sollen sie an der Erdoberfläche Kupfer abgebaut haben.
Mittlerweile wird weniger abgebaut, dafür erstrahlt Tsumeb umso grüner. Auch das mit einer gewissen Tradition: In der Sprache der Herero erhielt der Ort früh den klangvollen Namen „grüner Algenschlamm“ oder (hier gibt es selbstredend Varianten) „Platz der Frösche“. Mit dem aus den Bergwerken abgepumpten Wasser wurden später große Grünflächen und zahlreiche bunte Gärten angelegt, so dass die Stadt einen weiteren, modernen Beinamen erhielt, nämlich „die Gartenstadt Namibias“.
Über die Farbenpracht freue ich mich natürlich auch. Vor allem aber sehe ich eine geöffnete Tankstelle. Und diese ist für mich jetzt fast so ergiebig wie der hiesige „prähistorische Erzschlauch“. Ich schüttle die Luftblasen aus den Tanks, der Tankwart freut sich nach einer gefühlten Ewigkeit: „Oh, da ist viel Platz.“ Im linken Vorderreifen ist ebenfalls Platz, wie er zutreffend anmerkt. Wir pumpen Luft hinein.
Um noch einmal auf das Wasser und seine Bedeutung für das Land zurückzukommen: Von Tsumeb führt eine breite Straße nach Grootfontein, also zur „großen Quelle“. Für den Ort Sesfontein waren sechs Quellen namensgebend, für Twyfelfontein, eine „zweifelhafte“. Und auch die bewaldeten Berge, die ich links der Straße Richtung Otavi sehe, sprechen dafür, dass es hier relativ viel Wasser gibt. Otavi wiederum soll in Otjiherero bedeuten: „Die Quelle, die schmatzt wie ein Kälbchen beim Saugen.“ Es gibt außerdem die Übersetzung „der Zweig eines Baumes“. Das liegt nicht ganz nahe beieinander. Mich persönlich spricht die aus den fünf Buchstaben gezauberte Variante von der schmatzendes-Kälbchen-beim-Saugen-Quelle stärker an, zumal das Wasser ehemals tatsächlich aus dem Boden gegluckst haben soll. Anders als die Umgebung ist Otavi keine Augenweide. Das ästhetischste Gebäude könnte die Tankstelle sein, im Übrigen scheint der Ort im Wesentlichen aus dem Industriegebiet zu bestehen. Es soll – so lese ich – auch eine deutsche Privatschule geben, mit 18 Schülerinnen und Schülern die kleinste deutschsprachige Schule Namibias. Entdecken kann ich sie bei meiner kurzen Stadtrundfahrt nicht.

Der nächsten Zwischenstation nähere ich mich wie einem alten Bekannten, den ich in einer ungewohnten Umgebung treffe. Diesmal fahre ich Otjiwarongo aus dem Norden kommend an. Als ich das cheetah-Zementwerk passiere, bin ich wesentlich gelassener als beim letzten Mal. Ich lasse mich auf dem Parkplatz vor dem Supermarkt mit dem „Bean Tree"-Café in keine Gespräche verwickeln. Den Cappuccino trinke ich in aller Ruhe zur Lektüre der „Allgemeinen Zeitung" mit vertrauten Themen: Die Schweizer Staatsanwaltschaft hat Anklage gegen deutsche Fußballfunktionäre im Zusammenhang mit „suspekten Zahlungsflüssen" vor dem „Sommermärchen 2006" erhoben. Das Ermittlungsverfahren gegen Franz Beckenbauer wurde abgetrennt, weil er wegen gesundheitlicher Probleme nicht befragt werden konnte. In „The Namibian" lese ich vom „Herero Day" am 26.8., an dem in bunten Aufzügen der Schlacht am Waterberg und den Anführern des Stammes gedacht wird, sowie von Milliardenverlusten der Fluglinie Air Namibia, die vor dem Ende steht. Und auf der Toilette lese ich einen Hinweis, der Rückschlüsse auf frühere Benutzer zulässt: „Please don't lock the door, and if remove the key." Die Kreuzung mit den vier Stoppschildern meistere ich mittlerweile genauso spielend wie diese Vorgabe. Dass der Blinker rechts, die Scheibenwischer und die Schaltung links zu bedienen sind – war das jemals anders?

Die nächste echte Herausforderung ist die Gravel Road zum Waterberg, eine D-Straße, die von der Richtung Okakarara verlaufenden C 22 abzweigt. Die Piste ist auf Nutzfahrzeuge zugeschnitten. Auf beiden Seiten wuchert eine dichte, subtropisch anmutende Vegetation. Das Waterberg Plateau hat unter dem roten Sandstein eine wasserundurchlässige Gesteinsschicht, die den Pflanzen eine ganzjährige Wasserversorgung sichert. Am Fuß des Berges wachsen Korallenbäume und Akazien. Hier sammelten sich die Herero-Krieger mit ihren Familien und ihrem Vieh 1904 in Erwartung der Reaktion der Schutztruppe. Neben der Rezeption des Campingplatzes ist unter einem großen Glaskasten die Schlacht am Waterberg mit Blechsoldaten nachgestellt. Ich kann mir vorstellen, wie die Miniaturnachbildung bei Militärhistorikern leuchtende Augen oder zumindest ein anerkennendes Nicken auslöst, beides habe ich einmal vor einer

ähnlichen Nachbildung am Völkerschlachtdenkmal in Leipzig wahrgenommen.
Anerkennenswert ist jedenfalls der „Historic Path", dessen Eingang sich neben einem fünf Meter hohen Termitenhügel befindet. Auf Tafeln wird prägnant und sachlich die Entwicklung ab 1884 basierend auf Quellen des namibischen Nationalarchivs skizziert: Anfangs gilt das Interesse des Deutschen Reichs vor allem der Gewinnung von Bodenschätzen für die florierende heimische Industrie, später auch dem Siedlungsraum für Auswanderer, die Deutschland während der Industrialisierung zu Tausenden verlassen. Die deutsche Kolonialverwaltung nutzt die Konflikte zwischen Herero und Nama beziehungsweise Orlam, indem sie vorteilhafte Schutzverträge mit den Stämmen schließt. Als das Land im Zuge der Kongo-Konferenz dem Deutschen Reich überlassen wird, will sich Samuel Maharero mit Unterstützung der Imperialmacht gegenüber anderen Anführern durchsetzen. Durch die Rinderpest verlieren die Herero 1896/1897 einen Großteil ihres Viehs. Sie verschulden sich bei weißen Händlern oder begleichen Rechnungen mit der Übertragung von Land. Die Rheinische Mission warnt vor dem Ausverkauf des Landes, die Kolonialverwaltung will für deutsche Siedler jedoch weiter Anreize schaffen, gutes Weideland günstig zu erwerben. Außerdem messen die deutschen Behörden als Gerichtsinstanz oft mit zweierlei Maß: Einheimische werden für Verbrechen sofort und sehr hart bestraft, deutsche Schwerverbrecher den Gerichten in Deutschland überstellt. Gegenüber unzähligen Hinrichtungen schwarzer Straftäter werden in 30 Jahren deutscher Herrschaft lediglich zwei Todesstrafen an weißen Mördern in Windhoek vollstreckt, und dies nur, weil deren Familien den Kaiser bitten, sie nicht nach Deutschland zu verbringen. Hinzu kommen zahlreiche ungeahndete sexuelle Übergriffe von Farmern auf Hererofrauen.
Unter den Herero wächst der Unmut gegen den mit den Deutschen kooperierenden Maharero. Um seine Stellung nicht zu verlieren, vollzieht er einen radikalen Kurswechsel. Als Gouverneur Theodor Leutwein mit einem Großteil der Schutztruppe Ende 1903 zur Niederschlagung eines Aufstandes der Bondelswart-Nama in den Süden marschiert, erklärt Maharero Deutschland den Krieg. Die Herero überfallen im Januar 1904 Farmen und Polizeistationen. Sie töten die

deutschen Männer mit Ausnahme der Missionare. Frauen und Kinder, Buren und Briten sollen nach dem Befehl des Häuptlings verschont werden. 123 Zivilisten werden umgebracht. Das Deutsche Reich reagiert umgehend und entsendet Generalleutnant von Trotha, der bereits Aufstände in Deutsch-Ostafrika und China blutig niederschlug.

Im August 1904 hat Maharero neben dem etwa 3000 Mann starken Hauptheer Frauen, Kinder und Alte am Waterberg versammelt. Von Trotha versucht mit 2.500 Soldaten die Herero einzukesseln, unterschätzt aber deren Kampfkraft im Busch. Aus Mangel an Munition stellen die Herero die Kämpfe ein. Auch die Deutschen sind erschöpft. Binnen drei Tagen sterben 800 Truppenpferde an Entkräftung, 26 Soldaten fallen, 60 werden verwundet. Die Zahl der getöteten Herero wird nicht erfasst. Maharero beschließt, durch die Kalahari nach Botswana zu fliehen. Erst zwei Tage später nimmt die ausgezehrte Schutztruppe die Verfolgung auf, die sie kurz darauf abbrechen muss. Für von Trotha ist die Schlacht ein militärischer Fehlschlag. Für die Herero führt der Weg durch die Wüste in die Katastrophe. Nur 1.400 kommen mit Maherero in Botswana an.

Über rote Steine folge ich dem Pfad zu einem Aussichtspunkt. Links erhebt sich ein dicht bewachsener Hügel. Von dort rückten laut Plan die deutschen Truppen vor. Der Hügel mündet in eine zunächst bewaldete Ebene, die bis zum Horizont reicht. Durch sie flüchteten die Herero in die wasserlose Omaheke. Der Blick auf die verschiedenen Grün- und Sandfarbtöne ist wunderschön. Wieder umgibt mich absolute Stille, nichts bewegt sich. Irgendwann sehe ich zwei Kudus in der Ebene laufen. Sie verschwinden unter Bäumen. Das Bild und die Zeit stehen.

Ich steige von dem Hügel hinab. Sofort wird es lebendiger. Ein Klippspringer flüchtet vor mir über die roten Steine. Unten treffe ich auf eine Pavianhorde, die sich unter einem Baum an dessen Früchten erfreut. Um sie und ihre spitzen Zähne mache ich einen kleinen Umweg, achte zugleich aber darauf, mich nicht zu weit von dem schmalen Pfad zu entfernen: Dass hier Nashörner laut Reiseführer unterwegs sein sollen, steigert sicherlich die Attraktivität der Gegend. Ich hoffe gleichwohl, dass ihnen der von mir gewählte Weg durch das Gestrüpp zu eng ist.

Die Schutztruppe kann die Verfolgung der Herero dann doch aufnehmen. Den Soldaten, so steht es auf einem weiteren Schild, bietet sich ein Bild des Grauens. Sie finden neben Viehkadavern unzählige Leichen verdursteter Männer, Frauen und Kinder. Ohne Wasser überleben die meisten Menschen in der Kalahari im August beziehungsweise September höchstens drei Tage. Von Trotha weist seine Soldaten an, möglichst viele Wasserstellen am Rande des Trockengebietes zu besetzen und gibt am 2. Oktober 1904 den bekannten Schießbefehl: „Ich, der große General der Deutschen Soldaten, sende diesen Brief an das Volk der Herero. Die Hereros sind nicht mehr deutsche Untertanen. Sie haben gemordet und gestohlen, haben verwundeten Soldaten Ohren und Nasen und andere Körperteile abgeschnitten, und wollen jetzt aus Feigheit nicht mehr kämpfen. Ich sage dem Volk: Jeder der einen der Kapitäne an eine meiner Stationen als Gefangenen abliefert, erhält 1000 Mark, wer Samuel Maharero bringt, erhält 5000 Mark. Das Volk der Herero muss jedoch das Land verlassen. Wenn das Volk dies nicht tut, so werde ich es mit dem Groot Rohr dazu zwingen. Innerhalb der deutschen Grenze wird jeder Herero mit oder ohne Gewehr, mit oder ohne Vieh erschossen, ich nehme keine Weiber und Kinder mehr auf, treibe sie zu ihrem Volk zurück, oder lasse auf sie schießen. Das sind meine Worte an das Volk der Herero. Der große General des mächtigen Deutschen Kaisers."
Gegenüber der Truppe präzisiert von Trotha, dass „das Schießen auf Weiber und Kinder so zu verstehen ist, daß über sie hinweggeschossen wird, um sie zum Laufen zu zwingen." Der Schießbefehl wird – auch auf Druck von Siedlern, die mahnen, dass man die Herero als Arbeitskräfte für die Kolonie brauche – Wochen später zurückgenommen. Vielen Herero, so die Informationstafel, war der Schießbefehl nicht bekannt. Der Taktik von Trothas im Umgang mit „dem Herero" indes rühmte sich 1907 noch der Generalstab in seinem Bericht: „(...) wie ein halb zu Tode gehetztes Wild war er von Wasserstelle zu Wasserstelle gescheucht, bis er schließlich willenlos ein Opfer der Natur des eigenen Landes wurde. Die wasserlose Omaheke sollte vollenden, was die deutschen Waffen begonnen hatten: Die Vernichtung des Hererovolkes." Nach den Kampfhandlungen wurden die überlebenden Herero und später auch Nama in Konzen-

trationslagern interniert, wo fast jeder zweite Insasse starb. Nach divergierenden Schätzungen wurden von 1904 bis 1911 insgesamt zwischen 40.000 und 80.000 Herero sowie zwischen 10.000 und 20.000 Nama getötet.

Auf dem letzten Schild wird die unterstützende Rolle Deutschlands im Kampf Namibias um seine Unabhängigkeit von Südafrika, die Entwicklungshilfe, die die Bundesrepublik leistet (es ist der höchste Pro-Kopf-Betrag, der einem Land gewährt wird) und der 2014 gestartete Dialog der beiden Länder über die Kolonialzeit hervorgehoben. Im Juli 2016 erkennt die deutsche Regierung die damaligen Ereignisse als Völkermord im historischen, nicht im juristischen Sinne an. Die Opferverbände der Herero und Nama fühlen sich von Namibias Regierung, die von Ovambo dominiert wird, nicht repräsentiert. Sie lehnen auch die Idee eines Sonderfonds zusätzlich zur bestehenden Entwicklungshilfe ab, dessen Gelder vorrangig ihnen „als moralische Geste zur Heilung der Wunden" zu Gute kommen sollen. 2017 reichen sie in New York eine zivile Sammelklage gegen die Bundesrepublik mit dem Ziel einer Milliardenentschädigung ein. Anfang März 2019 wird die Klage abgewiesen, da die Bundesrepublik „immun" sei.

Ungeachtet aller prozessualen Schwierigkeiten ist die Frage, was ein Völkermord im „juristischen Sinne" ist, gewiss nicht einfach zu beantworten. Die Anwendung des Rechts setzt voraus, das dieses in einem bestimmten Gebiet gesetzt war oder zumindest eine Übereinkunft hinsichtlich dessen Anwendbarkeit bestand. Vor einigen Monaten las ich zu diesem Problem Steffen Eickers Dissertation „Der Deutsch-Herero-Krieg und das Völkerrecht". Nach umfassender Untersuchung kommt er zu dem Ergebnis, dass das im Kern europäische Völkerrecht um das Jahr 1900 kein universelles Völkerrecht war. Vielmehr richtete es sich nur an einen bestimmten Kreis von souveränen Staaten, welcher durch die jeweiligen Mitglieder der Völkergemeinschaft bestimmt wurde und sich im Laufe des 19. Jahrhunderts stetig erweiterte. Für das Gebiet des heutigen Namibias galt es nicht. Hinzu kommt die Frage, ob die Völker der Herero oder Nama zu der Zeit, als das Deutsche Reich seine Hand nach Südwestafrika ausstreckte, überhaupt eigene Staaten im Sinne des Völkerrechts waren.

Es ist schwierig, nach kaum beschreibbaren Grausamkeiten, nach einem jahrelangen gezielten Morden zigtausender Menschen, einen Sachverhalt mühsam aufzuarbeiten, ohne sich von Emotionen leiten zu lassen. Der „Historic Path" zeigt auf wenigen Tafeln eine differenzierte Sicht und ergänzt auf der letzten die Darstellung um eine versöhnliche, persönliche Note: Ein deutscher Missionar wird gewürdigt, der ein Lager für versprengte Herero einrichtete.

Ich gehe noch einmal zurück zum Ausgangspunkt des Pfads. Ich habe kein Wasser dabei und spüre bereits nach zweistündiger Wanderung den Durst. Was sich hier und in der Kalahari in jenem August ereignete, kann ich nicht ansatzweise erahnen. In meinen Augen sollte aber zumindest der Versuch unternommen werden, zu verstehen, welche Umstände die Menschen damals im Vorfeld bewegten. Dabei können Beschreibungen wie Else Sonnenbergs „Wie es am Waterberg zuging" helfen (eine vergleichbare Erzählung aus Perspektive der Herero habe ich nicht gefunden). Im Vorwort des Buches erklärt Ulrich Jäschke, dass es auf Grund des Bevölkerungswachstums Ende des 19. Jahrhunderts vielen Deutschen im Reich zu eng geworden sei. Sie suchten die Entfaltung außerhalb, vor allem in den Vereinigten Staaten. Die Deutsche Kolonialgesellschaft verbreitete nach der Reichsgründung 1871 den alten Gedanken, die Auswanderung in nationale Bahnen, das heißt in eigene Kolonien zu lenken. In den afrikanischen Kolonien habe sich die patriarchalische Sicht der Deutschen gezeigt: „Sie belehrten, erzogen und straften die Afrikaner, wie sie es aus Deutschland kannten."

Und sie waren damit nicht allein. Die Europäer sahen sich in der Pflicht, die Kolonien zu entwickeln und dort „für Ordnung zu sorgen". Wie Jürgen Osterhammel schreibt, wurde die Kolonialherrschaft als Geschenk und Gnadenakt der Zivilisation verherrlicht, als eine Art humanitäre Dauerintervention: Die Last der Aufgabe, die die Europäer auf sich nähmen, sei dermaßen gewaltig, dass an eine schnelle Erfüllung nicht zu denken sei. Wenn aber die Kolonisierten dieses Geschenk zurückwiesen, wurde dies auf ihre Anarchie und Triebhaftigkeit zurückgeführt, die man notfalls gewaltsam eindämmen musste.

Auch Sonnenberg schreibt einmal von einem „unkultivierten Negerstamm", der im Hinblick auf Reinlichkeit und Fleiß andere Vorstellungen habe. Soweit ihre Interessen berührt werden, äußert sie deutlich ihre Sicht, etwa, dass man gegen Viehdiebe „nicht scharf genug“ vorgehen könne. Man erfährt nicht, wie sie es bewertet hätte, wenn Tausende Herero 1903 nach Deutschland und in ihr Heimatdorf bei Braunschweig gekommen wären, um sie nach den Wertvorstellungen des Hirtenvolkes zu belehren und zu erziehen. Ferner endet das Buch, bevor Lothar von Trotha am 3. Mai 1904 das Oberkommando übernimmt, weil sie die Kolonie vorher verlassen hat.

Lässt man all das beiseite, kann man sich ihrer Geschichte zuwenden: Sonnenberg folgt ihrem Mann, der am Waterberg einen kleinen Store aufgebaut hat. Sie beschreibt die mehrtägige Anfahrt mit dem Ochsenkarren, die tägliche Improvisation, zu der sie der Mangel zwingt, die Geburt ihres Sohnes. Sie erkennt, dass sich Weiße nicht korrekt verhalten, wenn sie den Herero Land wegnehmen, Schulden „scharf“ eintreiben, Schwarze wegen Verständigkeitsschwierigkeiten attackieren oder „weiße Frauen fehlen“. Andererseits verurteilt sie es, wenn die mit ihren Rindern umherziehenden Herero sich weigern, Wasserstellen, die ein weißer Nachbar erworben hat, reinzuhalten. Anders als manche deutschen Zeitgenossen versucht sie, die Herero individuell zu würdigen. Sie schätzt einige sehr und kommt zu dem Ergebnis: „Während ich unter den Herero lebte, hatte ich keine schlechte Meinung von Ihnen. In Deutschland hatte ich sie mir viel roher und zügelloser vorgestellt.“ Die Haltung anderer Deutscher trägt Michel Sontheimer in dem Artikel „Rassenkrieg gegen die Herero“ zusammen: Er zitiert den Regierungsbaumeister Joseph Bendix („Die Neger hier sind überhaupt ein ziemlich verlottertes Gesindel, sie lügen und stehlen. Wenn sie nicht parieren, bekommen sie 25 übergezählt“) und den Plantagenbesitzer Boshart („Der Neger ist ein blutdürstiges grausames Raubtier, das nur durch das Auge und die Peitsche des Bändigers in Respekt gehalten werden kann“). Die differenzierte Sicht Sonnenbergs ist demgegenüber umso bemerkenswerter, als sie miterlebt, wie ihr Mann im Zuge des Aufstandes von einem angestellten Herero, der kurz zuvor mit ihnen Weihnachten feierte, mit einem Steinhammer erschlagen wird. Sie wird verschont, flieht unter großer Angst mit ihrem Sohn und fordert, das „Gericht kommen müsse“. Aus ihrer Sicht taten weder sie noch ihr Mann jemals einem Herero Unrecht. Im Gegenteil hätten sie ihnen Waren und Werkzeuge auf Kredit verkauft oder verschenkt, sie gegen Lohn beschäftigt und nachsichtig behandelt. Die Herero hätten von ihnen profitiert.

Je intensiver man sich mit den verschiedenen Perspektiven auseinandersetzt, desto schwieriger wird es, Menschen kollektiv zu verurteilen. Sonnenberg kommt zu dem Schluss: „Die Treuen müssen leiden um der Sünden der Ungetreuen, ob sie schwarz oder weiß sind."

Ähnlich kompliziert ist die Antwort auf die Frage, wie man mit den Folgen, die bis heute nachwirken, umgeht – etwa wie das Land, das zum größten Teil im Eigentum weißer Farmer steht, zu verteilen ist. Welche verheerenden Folgen scheinbar einfache Lösungen („wir treiben die Weißen aus dem Land!") haben, kann man plastisch am Beispiel Simbabwe erkennen. Dass gewaltsam oder betrügerisch geschaffene Strukturen aber nur deshalb in Stein gemeißelt bleiben, weil sich eine Änderung ökonomisch unvorteilhaft auswirken könnte, ist ebenfalls kein befriedigender Ansatz. Die Lösung mit zahllosen Rückkoppelungen wird in Namibia viel Zeit und Anstrengungen bei der Abwägung jedes einzelnen Falles in Anspruch nehmen. Die Menschen sind mit komplexen Systemen überfordert, stellt Henno Martin im Nachwort zu seinem Buch fest, wir müssen nachsichtig miteinander sein.

Bei all den Gedanken, die durch meinen Kopf ziehen, merke ich, wie wenig es mir zusteht, diesen Prozess und seine Beteiligten zu bewerten – und wie erleichternd es jetzt ist, alle Bewertungsansätze beiseitezuschieben. Von dem Felsen, auf den ich steige, geht mein Blick nochmals in die weite, bewaldete Ebene unter mir.

Über die roten Steine kehre ich zurück zum Auto, ziehe mich um und steige in einen kleinen, zwischen Bäumen versteckt liegenden Pool mit kaltem Wasser. Unbewegt lasse ich meinen Körper abkühlen und schaue auf eine schroffe Felsenwand des Waterbergs. Vorsichtig tastet sich eine kleine Antilope um einen Busch. Die Wasserstelle ist ihr vertraut, nur mich beäugt sie misstrauisch. Sie geht zwei Schritte weiter, stoppt. Doch der Durst überwiegt. Drei Meter von mir entfernt trinkt sie aus dem Pool. Dann blickt sie mich ein letztes Mal an und verschwindet hinter dem Busch.

Zurück am Auto bereite ich auf dem Gaskocher mein Abendessen zu. Wieder betrachte ich lange und leer die Sterne.

Vierzehn

Waterberg – Windhoek

„Ich habe Gänsehaut."

Michael Ott

Draußen ist es dunkel und still. Es ist drei Uhr. Wieder denke ich an Henno Martin. Die Einsamkeit führte ihn zu der Erkenntnis, dass er den Zynismus überwinden muss, um zu bestehen: „Zynismus ist keine schlechte Waffe im Gedränge übervölkerter Städte. Er verschafft dort Ellbogenfreiheit und verleiht ein Gefühl der Überlegenheit. Aber was nutzt schon Ellbogenraum in der grenzenlosen Einsamkeit der Wüste?"

Das Alleinsein, die Stille und die Weite türmen sich auf. Ich konzentriere mich auf die kalte Luft, die sich auf mein Gesicht legt, danach auf meinen Atem.

Vielleicht ist es gerade die Angst vor dem Alleinsein, die manche Konflikte zwischen Menschen verschärft: Hadert jemand dauerhaft mit einem anderen, stellt sich die Frage, warum er an der Beziehung und dem Hadern festhält. In der Regel wird er von außen dazu nicht gezwungen. Auch der selbstgebaute Gedankenkäfig, man werde gebraucht oder es wird erwartet, dass man sich und seine Lebenszeit opfert, verdeckt möglicherweise, dass man selbst einen anderen braucht, an den man Erwartungen richtet, die der andere nicht erfüllen will.

Und vielleicht ist es die Angst vor dem Alleinsein und dem Loslassen der eigenen Erwartungen, die die eigenen Gedanken um die Worte oder das Verhalten des anderen kreisen lässt. Der Ausweg aus dem Gedankenkarussell wäre dann nicht die Auseinandersetzung mit dessen Verhalten, sondern die Auseinandersetzung mit genau dieser Angst, indem man sie und das Alleinsein zulässt. Oder anders formuliert: Kreisen meine Gedanken, identifiziere ich mich mit etwas, das ich nicht bin. Stattdessen könnte ich mich fragen: Was würde ich jetzt konkret (anderes) tun, wenn der andere nicht wäre?

Die Stille ist stark. Ich lasse sie zu und schlafe irgendwann wieder ein. Fröhliches Vogelgezwitscher weckt mich auf. Nach dem Frühstück treffe ich ein angenehmes Paar aus Niedersachsen, das ebenfalls durch den Etosha gefahren ist. Wie es ihnen gefallen habe, frage ich.

„Sehr schön!“, sagt die Frau, „aber wir haben keine Löwen gesehen. Zu Hause haben wir gesagt, wir fahren nach Afrika und sehen Löwen. Nashörner, Elefanten, Antilopen, alles haben wir entdeckt.“
„Aber keine Löwen“, ergänze ich.
Wir vereinbaren, dass ich ihnen meine Löwenbilder schicke, die sie in ihr Album unter der Überschrift „Was wir nicht gesehen haben“ aufnehmen.
„Ansonsten war die Reise aber wirklich toll. Und vielleicht kommen wir nochmal nach Afrika.“
„Und sehen dann die Löwen“, füge ich an. Sie lachen. Wir verabschieden uns, ich falte das letzte Mal das Dachzelt zusammen und breche auf. Knapp 300 Kilometer liegen vor mir.
Rechts zieht der Waterberg vorbei. Entspannt genieße ich den Anblick. Ab jetzt ist keine Reiseplanung mehr erforderlich. Ich kenne die Straßen, deren Zustand sich mit jedem Einbiegen auf die nächstgrößere verbessert. Ruhig gleite ich dahin. Plötzlich springt ein Mann aus einem Auto, das rechts unter einem Baum parkt. Es ist ein Polizist. Intuitiv gehe ich vom Gas. Ich bin höchstens 130 km/h gefahren, erlaubt sind 120. Ich habe gelesen, dass Geschwindigkeitsverstöße streng geahndet werden, und habe bei Verkehrskontrollen reuige Sünder gesehen – jedenfalls erweckten sie den Anschein, wenn sie zwischen Polizisten stehend auf den Boden blickten.
Doch der Uniformierte deutet nicht auf mich. Im Rückspiegel erkenne ich einen sich schnell nähernden Pick-up. Blick nach vorne: Der Polizist winkt ihn raus. In den Rückspiegel: Der Geländewagen ist verschwunden. Nach links: Er zieht dicht an mir vorbei. Mein Nissan schwankt. Nach rechts: Entsetzter Blick des Polizisten. Ich berühre nur leicht das Gaspedal. Der Pick-up überholt das nächste Auto und verschwindet aus meinem Sichtfeld. Werden sie sich mit ihm jetzt eine wilde Verfolgungsjagd liefern? Der Ordnungshüter schreitet langsam zum Streifenwagen zurück. Es sieht nicht danach aus. Der Raser scheint keine schlechten Erfahrungen mit seiner Strategie gemacht zu haben.
Für mich sind die Kontrollen ein Grund, auch auf den langen Geraden auf die Geschwindigkeit zu achten. Ein weiterer sind die Warzenschweine, die in zunehmender Anzahl am Straßenrand genüsslich futtern. In der Regel bleiben sie dort. Gestern sah ich die Folgen

eines Ausnahmefalls. Und die waren für keinen Beteiligten schön. Hingegen überkommt mich kurz darauf ein sehr gutes Gefühl. Obwohl Okahandja gewiss kein makelloses Schmuckstück ist, bin ich geneigt zu sagen, sie ist meine namibische Lieblingsstadt. Das liegt sicher an den Angestellten des Country Hotel, am guten Cappuccino im Café Brew gegenüber dem südlichen Holzschnitzermarkt und den Erfahrungen auf dem Markt selbst. Nach dem Cappuccino gehe ich noch einmal dorthin. Ich habe Lebensmittel übrig, die ich bis zu meiner Abreise nicht mehr verbrauchen kann. Wegwerfen will ich sie nicht. Die Camper aus Niedersachsen hatten keinen Bedarf. An unbekannte Einheimische heranzutreten, um ihnen Essen anzubieten, könnte überheblich wirken. Ich glaube aber einen soweit zu kennen, dass er das Angebot richtig einordnet. Kaum bin ich am ersten Stand, stürmen fünf Händler herbei und stellen (die aus ihrer Sicht rein rhetorische) Frage, ob ich etwas kaufen möchte. Nein, antworte ich und lasse das kurze Wort wirken. Dann: „Ich suche John." Spätestens jetzt ist allen klar, dass etwas Ungewöhnliches passiert. Der Weiße will etwas von John.

„Was willst du von ihm?", fragt mich einer.

„Ich möchte ihm etwas bringen." Die Aufregung schwillt an. Ob dem Kollegen Ärger droht?

Ein großer Schlanker baut sich vor mir auf: „Ich bin John!"

„Das mag sein, aber nicht der John, den ich suche. Ich suche den, dem dieser Stand gehört."

Kurz darauf erscheint ein kleiner Schmächtiger mit breitem Lächeln. Das ist mein John. Er wie die sieben in seinem Gefolge sind neugierig, was ich will.

„Hi John, schön dich zu sehen!", wir schütteln „afrikanisch" die Hände. „Ich würde dir gerne etwas zeigen, aber ich würde mich besser fühlen, wenn du allein mitkommst."

Er nickt, signalisiert den anderen, dass sie bleiben sollen. Wir überqueren die Straße, ich öffne den Stauraum und den Kühlschrank, zeige ihm Fleisch, Gemüse, Milch, Äpfel, Wasser, Brot und Klopapier. „Hast du eine Idee, wer etwas damit anfangen kann?"

Sein Lächeln wird noch breiter. Er nickt: „Ich und meine Familie."

Wir packen alles in den Korb, den wir am ersten Tag in Windhoek gekauft haben. Gemeinsam tragen wir ihn zu seinem Zelt und laden aus. Seine Nachbarn versammeln sich vor dem Zelt. Einer ruft: „Ah, John war einkaufen!"

Ich fühle mich erleichtert, wir verabschieden uns. Als ich ein paar Meter gegangen bin, läuft mir John nach und drückt mir ein geschnitztes, kleines Nilpferd in die Hand. Er strahlt. Eine Händlerin mit alten Kleidern sieht den leeren Korb, den ich in der Hand halte. Sie deutet darauf. Eigentlich wollte ich den behalten.

„Kannst du ihn mir geben? Ich brauche ihn für mein Baby, das ich vor ein paar Wochen bekommen habe?"

Wer kann da „nein" sagen?

„Und das?" Sie deutet auf das Nilpferd.

Da kann ich „nein" sagen.

Ein Jugendlicher kommt von der anderen Seite. Er deutet auf meine Wanderschuhe. Ich schüttle den Kopf.

„Und T-Shirts? Ich brauche Shirts." Hätte ich das geahnt, hätte ich in Deutschland anders gepackt.

„Okay, komm mit über die Straße."

Er folgt mir, hält von sich aus Abstand vom Auto. Ich wühle Sweat- und T-Shirts aus dem Rucksack. „Die sind ungewaschen", sage ich.

„Macht nichts! Danke!"

Als ich losfahre, winkt er mir nach, hält die Kleider hoch und lacht. Bei keinem, dem ich hier Geld gab, habe ich eine solche Freude bemerkt wie bei den dreien.

Zurück in Windhoek verläuft die Rückgabe meines Fahrzeugs unproblematisch.

„Er ist sehr robust", sage ich. „Habt ihr auch größere 4x4?"

„Nein", antwortet der Mechaniker, „alle anderen Geländewagen haben zu viel Technik. Durch den Staub spielt die Elektronik verrückt und am Ende stehen sie länger in der Werkstatt als auf der Straße. Der ist wie ein gutmütiger Esel. Er läuft immer weiter."

Ein Fahrer der Autovermietung bringt mich zum Hotel. Er stellt sich mit dem Namen Oskar vor. „Das ist ein deutscher Name", sage ich.

„Wirklich?"

„Ja, ich traf hier einige mit Namen wie Hans oder Otto."

„Sind das auch deutsche Namen?"

Das kann man so sagen. Wer will, könnte jetzt einwenden, dass Hans vom hebräischen Johannes abgeleitet ist, aber für einen onomastischen Diskurs ist die Fahrt zu kurz. Interessanter ist, woher Oskar stammt.

„Ich bin Ovambo. Meine Familie wohnt im Norden." Seine sechs Brüder versuchen, vom Ackerbau zu leben. Nur dreimal im Jahr kommt er nach Hause, das nächste Mal im Dezember. Er trifft dann alte Freunde, die alle irgendwo im Süden arbeiten. Mehr erfahre ich nicht. Der Weg zum Windhoek Gardens Guest House ist zu kurz. Die Zimmer dort sind laut Beschreibung mit „individuellen namibischen Themen dekoriert". Das kann ich für meines ansatzweise bestätigen. Es ist jedenfalls geräumig, gemütlich eingerichtet und über eine Außentreppe erreichbar. Von ihr habe ich einen guten Blick über das Nebenhaus mit Restaurant, den Pool und den „Gartenbereich". Es ist eine hübsche, kleine Anlage, gesichert durch eine hohe Mauer mit Stacheldraht. Das sichere Nest will ich verlassen. Bei der Autovermietung habe ich mich bereits nach dem Weg vom Guest House in die Stadt erkundigt. Dort wurde mir geraten, ein Taxi zu nehmen. Ich schüttelte den Kopf. Ob ich das wirklich wolle, fragte mich die nette Mitarbeiterin. An der Rezeption hat die – ebenfalls sehr nette – Angestellte bereits das Telefon in die Hand genommen: „Ich rufe ein Taxi."

„Ehrlich gesagt würde ich lieber gehen."

„Okay." Sie holt einen Plan hervor. Offenbar gibt es diese Möglichkeit.

„Bleiben Sie auf diesem Weg!" Sie deutet auf eine rote Linie, die entlang breiter Straßen verläuft.

„Der kürzeste Weg ist das nicht."

„Ja, aber die Straßen sind dicht befahren. Auf den anderen kann Ihnen keiner helfen, wenn Sie überfallen werden." Das überzeugt.

„Und laufen Sie keinesfalls in der Dunkelheit zurück."

Das stacheldrahtgesäumte Rolltor fällt hinter mir ins Schloss. Zügig gehe ich an den dicht befahrenen Straßen entlang. Am gefährlichsten erscheint mir allerdings das Überqueren. Die Fußgängerampeln sind außer Betrieb. An der ersten, die leuchtet, bleibe ich brav stehen. Sie schaltet auf Grün. Nach fünf schnellen Schritten blinkt sie rot. Autos fahren an, ich springe auf die andere Seite. Nahe dem Busbahnhof habe ich einmal den Eindruck, dass ich das Interesse dreier junger Männer wecke, die mir zu folgen scheinen. Im Zickzack quere ich außerhalb des Ampelbereichs die Straße. Ich drehe mich um, die drei sind weg. Ab der Independence Avenue habe ich wieder die Sicherheit des Vertrauten. Hier war ich vor fünf Tagen und entdecke einiges, das ich noch nicht gesehen habe, wie das Denkmal im Zoopark für die deutschen Gefallenen während des Namaaufstandes, Luftlinie rund 100 Meter entfernt von einer Statue des Namaanführers Witbooi. Oder die Christuskirche, deren Tür heute zu meiner Freude offen steht. Sie ist leer. Ich setze mich auf eine Bank. Die Sonne strahlt durch die Buntglasfenster in den Altarraum. Die Fenster hat Wilhelm II. gestiftet, seine Frau Auguste die ausliegende Bibel. Am Altar sehe ich die „Auferweckung des Lazarus" von Rubens. Genaugenommen ist es nur eine Kopie, aber eine beeindruckende. An der rechten Seitenwand wird wieder erinnert: „Den mit der Schutzherrschaft für Kaiser und Reich gefallenen Soldaten und umgekommenen deutschen Bürgern, Frauen und Kindern", die auf der Tafel namentlich mit Todestag und -ort benannt werden. Man wird hier oft erinnert, am wenigsten subtil freilich im Unabhängigkeitsmuseum neben der Kirche.

Befreiend klingen demgegenüber die lebendigen Kampfschreie aus dem kleinen Stadion hinter dem Museum. Zwei Mannschaften trainieren Rugby und sie schenken sich nichts. Auf dem gut bewachten, benachbarten Parkplatz vor dem Sitz des Premierministers stehen einige große Autos aus Deutschland. Unweit davon hat das Parlament seinen Sitz im „Tintenpalast". Den Namen bekam der große Kolonialbau früh von der deutschen Bevölkerung, weil dort bereits 1914 viel Tinte verschrieben wurde. Mich interessiert, was heute stattfindet. Außen kündigt eine Übersicht an: „Today at Parliament". Ich trete näher. Das „Order Paper" ist leer. Ich trete ein. Zwei uniformierte Wachmänner, die stumm vor sich auf den Boden starren, entdecken mich plötzlich und fahren hoch. Ob ich das Haus besichtigen kann, frage ich. Sie schauen sich verdutzt an. Dann lacht der eine. „Nein."

Anders als im Berliner Reichstag ist man auf Besuch offenbar nicht eingestellt. Der Park vor dem Palast hingegen hat einige Besucher. Die Abendsonne leuchtet die Palmen und Blumen an. In der einzigen weiteren öffentlichen Grünanlage der Stadt, dem nahe gelegenen Zoopark, finde ich das „La Marite Royal“, wo – wie der Reiseführer zu Recht schreibt – hervorragendes afrikanisches Essen serviert wird.

Mittlerweile ist es dunkel und ich überlege, ob es besser wäre, jetzt mit einem Taxi zum Hotel zu fahren. Ich blättere im Reiseführer und stoße auf eine Beschreibung des „Warehouse“. Es sei *die* angesagte Location der Stadt. In der ehemaligen Brauerei mit „Bars, Clubs und Theater bebt abends die Bühne, die Luft kocht.“ Das ist eine Ansage. Und das Gebäude in der Tal Street dem Plan zufolge nicht so weit weg, dass man dafür ein Taxi bräuchte. In Wirklichkeit brauche ich für den teilweise schlecht beleuchteten Weg länger als gedacht und bin erleichtert, als ich den Eingang finde. Die Tanzfläche neben der langen Bar ist noch leer. Ich gehe weiter in einen Innenhof, über den Lichtgirlanden gespannt sind. Vor einer mit afrikanischen Motiven bemalten Wand stehen Holztische auf betoniertem Untergrund. Die Rohre und Leitungen über mir sind auf Putz verlegt. Die Einrichtung ist eine Art Berlin Style auf afrikanisch. An einem Nebentisch sitzen Weiße und Schwarze zusammen. Die Musik, der Kellner und der Gin Tonic vor mir – alles wirkt sehr entspannt. Nach dem zweiten Drink bin ich noch entspannter, allerdings nicht derart, dass ich jetzt zu Fuß zum Guest House gehen will. Ob er mir ein Taxi rufen könnte, frage ich den Kellner.

Er verzieht das Gesicht: „Ah, die Sache mit den Taxen ist hier nicht so einfach.“ Suchend blickt er sich um. „Aber der Weiße dort“, er zeigt auf einen Mann, der allein auf einer Couch vor einem Laptop sitzt, „kann vielleicht helfen.“ Er geht zu dem Weißen, spricht mit ihm. Der Mann steht auf und kommt zu mir. Wir unterhalten uns ebenfalls auf Englisch.

Die Sache mit den Taxen ist nicht so einfach, weiß auch er. Am besten wäre es, über „Lefa“ zu buchen. Über was, frage ich. Er erklärt mir die App und streut in sein akzentfreies Englisch das Wort „über“ ein.

„Sorry, you used a German word“, unterbreche ich ihn. „Are you German?“

„Yes.“

„Ah, okay, ich auch. Dann können wir uns auf Deutsch weiter unterhalten. Du lebst hier, oder?“
„Ja, sieht man das?“
„Ich glaube, kein Tourist sitzt so unaufgeregt auf einer Couch mit T-Shirt und Jeans vor einem Laptop.“
Er grinst. Bevor er antworten kann, tritt der Kellner an ihn heran und fragt, wie etwas gebucht werden soll. Er erklärt es ruhig. Der Kellner bedankt sich und geht weg.
„Bist du der Besitzer?“
„Ja.“
„Ah cool. Schöner Laden. Seit wann bist du hier?“
„1989. Ich bin in Deutschland geboren. Woher kommst du?“
„Würzburg, das ist im Norden Bayerns. Zwischen…“
„Du brauchst nicht weiter erklären. Ich bin in Schweinfurt geboren.“
Ich stocke kurz. „Witzig, ich auch.“
„Das gibt’s nicht, ich bin im Leopoldina auf die Welt gekommen.“
„Ach komm. Ich auch. Welcher Jahrgang bist du?“ Die Worte fliegen schnell hin und her.
„1976“, sagt er.
„Ich auch!“
„Welcher Monat?“
„April.“
„Juni.“ Einen Unterschied muss es geben. Er grinst, lehnt sich zurück. Eine kleine Verzögerung. Dann sagt er: „Ich war auf dem Rathenau.“
„Was? Warte mal, da war ich auch. In der 5a. Bei Herrn Kirchner.“
„Das gibt es nicht. Wie heißt du?“
„Sebastian Fickert.“
„Michael Ott.“
Keiner von uns spricht. Michael Ott aus Hambach. Wir haben in den Pausen zusammen auf dem Schulhof Fußball gespielt, mit einem Tennisball und hölzernen Baumeinfriedungen als Tore. Er war ein Stück kleiner, trug als einziger Junge in der fünften Klasse einen Ohrstecker. Ab der siebten Jahrgangsstufe waren wir nicht mehr in derselben Klasse, er hatte Französisch als zweite Fremdsprache, ich Latein. Irgendwann hieß es, er sei mit seinen Eltern und seinem Bruder ausgewandert. Wohin wusste ich nicht.

„Ich habe Gänsehaut“, sagt Michael.
„Ich auch.“
Wir schweigen. Der Kellner kommt, es gibt ein neues Problem. Michael entschuldigt sich. Ich habe einmal einen (mir bis dahin unbekannten) Würzburger in einer japanischen Jugendherberge getroffen. Als ich in Ecuador war, meldete sich ein ehemaliger Referendar, den ich ausgebildet hatte und der auf Weltreise war. Wir freuten uns, am selben Tag in Quito zu sein und zusammen ein Bier auf einem Platz zu trinken. Diese Begegnung ist vollkommen unerwartet. Und sie weckt unvermittelt Kindheitserinnerungen. Michael kommt zurück. Er ist genauso beeindruckt. Langsam schließen wir die ersten Lücken der letzten 30 Jahre. Sein Vater nahm eine Stelle an der Deutschen Schule in Windhoek an. Mittlerweile leben seine Eltern wieder in Hambach, sein älterer Bruder in den USA.
„Du hast damals als einziger in der Klasse einen Ohrstecker getragen.“
„Ja, weil mein Bruder einen hatte. Den zweiten gab es kostenlos, deshalb habe ich ihn bekommen.“
„Und du warst ein guter Fußballer.“
„Bis ich mir den Fuß gebrochen habe. Ich sehe es noch heute vor mir, wie ich allein auf den Torwart zugelaufen bin. Keiner hat zurückgezogen. Danach bin ich nie mehr so ins Spiel reingekommen, hab eher zurückgezogen. Das war ein harter Schlag.“
In Namibia war es dann die Musik. Schon als Schüler trat er mit seiner Band im Warehouse auf. Nach der Deutschen Schule studierte Michael in Südafrika Betriebswirtschaft, mit anderen Gesellschaftern betrieb er eine Mine, in der unter anderem Granit abgebaut wurde – bis sich 2012 die Gelegenheit ergab, das Warehouse zu pachten.
„Ein Traum!“, sagt er. „Und die ersten drei Jahre liefen wahnsinnig gut. Die ersten Abende – es war eine solche Energie in den Räumen.“ Er lächelt kurz, „nur denkst du nicht daran, dass das irgendwann enden könnte.“ 2015 kam die Rezession. Es kamen immer noch Leute, nur gaben sie zwei Drittel weniger aus.
„Einige schreckt die Kriminalität auf der Straße ab, viele bleiben zu Hause und schauen TV, weil das günstiger ist. Wir bieten auf unserer Bühne die meisten Live-Auftritte, aber es läuft schlecht. Wir haben

es sogar mit Crowdfunding versucht. Am Anfang war die Begeisterung groß, dann hat sie stark nachgelassen.“

Gestern traf er sich mit den Verpächtern und stellte ihnen ein neues Konzept vor. Er zweifelt daran, dass sie ihr Okay geben. Die Schulden sind hoch.

„Das Verrückte ist, dass wir nächstes Wochenende unsere Jubiläumsfeier haben: 30 Jahre Warehouse.“

Ich zeige ihm meinen Reiseführer, auf dem das Warehouse mit einem ganzseitigen Foto und euphorischen Worten als *die* Institution des Windhoeker Nachtlebens gepriesen wird. Er lächelt. „Das ist cool! Das habe ich noch nicht gesehen.“ Ich merke, unabhängig von seiner eigenen künftigen Rolle, liegt ihm das Warehouse am Herzen: „Es ist ein Ort des „No-Disrespect“ – ooah, wie sagt man das im Deutschen? Mein Deutsch ist so schlecht geworden.“

„Toleranz?“

„Ja! Es ist egal, ob jemand schwul, lesbisch, hetero, schwarz oder weiß ist. Dieses Denken soll draußen bleiben. Alle sollen eine gute Zeit haben.“

Ich nicke. „Und wie läuft es bei dir privat?“

„Ich habe zwei wundervolle Kinder, bin mit der Mutter aber nicht mehr zusammen.“

„Woher kommt sie?“

„Aus Südafrika. Sie ist afrikaans.“ Eine weiße Afrikanerin.

„Waren es kulturelle Unterschiede? Ich meine, wegen der Trennung.“

„Nein, überhaupt nicht. Wir haben uns gegenseitig getriggert.“ Er macht eine kurze Pause. „Daran ist aber nicht der andere Schuld. Das ist in uns. Der Trigger war immer nur der Auslöser. Ich habe lange gebraucht, um zu verstehen, warum mich etwas triggert.“

„Und jetzt?“

„Jetzt haben wir leider eine familienrechtliche Auseinandersetzung.“ Das ist sehr privat. „Noch etwas zu Namibia: Fühlst du dich als weißer Geschäftsmann benachteiligt? Ich habe von der 25%-Regel gehört.“

„Die wird nicht kommen. Sie wissen, dass das nicht funktioniert. Und ja, mittlerweile hast du als Weißer deutlich mehr Nachteile.“

„Ich habe einige heftige Sätze von Sam Nujoma gelesen.“

„Ich weiß, das klingt krass. Aber das bleibt alles draußen. Im Warehouse mache ich mein Ding und werde in Ruhe gelassen."
„Und der jetzige Präsident?"
„Wir haben ein großes Korruptionsproblem. Jeder weiß es. Es wird berichtet, aber nichts passiert. Es werden Farmen unter der Hand an einen Russen verkauft, der Landwirtschaftsminister unterschreibt. The Namibian berichtet darüber. Nichts passiert. Eine Ministerin wurde wegen Korruption zu einer Geldstrafe von 50.000 N$ verurteilt. Weißt du, wieviel das ist?"
„Ehh. Ich muss kurz rechnen." Der Gin Tonic verlangsamt meine Gedanken. Michael wartet mein Ergebnis nicht ab: „Knapp 4.000 Euro. Sie ist weiter Abgeordnete und kassiert 1 Million N$ vom Steuerzahler. Ich denke, wegen all der Sachen wird die SWAPO einiges einbüßen, aber sie wird die Mehrheit behalten. Die Leute auf dem Land interessieren sich nicht so sehr dafür."
„Ja! So ist es!" Ein Schwarzer, der sich als Paul und zudem als Musiker vorstellt, nickt heftig. Er hat sich vor ein paar Minuten zu uns gesetzt, jetzt klinkt er sich auf Deutsch in das Gespräch ein. In erster Linie geht es ihm aber um die Möglichkeit, im Warehouse auftreten zu können. Michael sagt, er müsste noch einiges vorher abklären. Paul verabschiedet sich.
„Hast du von den DDR-Kindern gehört?", fragt Michael.
„Ehh." Der Gin Tonic. „Ich weiß nur, dass die DDR wie die anderen Ostblockstaaten die SWAPO im Unabhängigkeitskampf unterstützt haben."
„Genau. Und die namibischen Kinder sollten von klein auf lernen, wie Kommunismus funktioniert. Also hat man sie in die DDR geschickt. Dort haben sie nicht nur Deutsch gelernt, sondern auch, dass der Westen böse ist. Dann kam die Wende, sie wurden zurückverfrachtet. Die Eltern vieler waren inzwischen tot, einige Kinder waren schon Waisen, als sie weggeschickt wurden. Auf einmal sollte hier alles demokratisch sein. Sie hatten keine Orientierung, keinen Halt. Und diese Wunden sind immer noch da."
„Paul ist ein DDR-Kind."
Michael nickt. Wir verabreden uns für morgen Nachmittag.
„Um auf deine erste Frage des Abends zurückzukommen: Wie kommst du jetzt nach Hause?"

„Kannst du mir ein Taxi über Lefa rufen?"
„Na klar."
„Warum ist das mit den Taxen nicht so einfach?"
„Wenn du auf der Straße irgendein Taxi anhältst, wird die Fahrt viel teurer. Im besten Fall werden die Touristen von den Fahrern übers Ohr gehauen, im schlechtesten ausgeraubt. Bei Lefa sind die Fahrer registriert. Sie können leicht ermittelt werden und sie wollen dort nicht rausfliegen. Die zweitbeste Variante ist, ein Taxi vom Lokal aus zu bestellen, falls die Angestellten das machen. Bestellen sie dir eines, vereinbare vor der Fahrt den Preis."
„Wenn man diese Regeln einhält, würdest du sagen, es ist nachts sicher?"
„Es ist nicht alles easy. Ich wurde einmal in meinem Auto ausgeraubt, obwohl Freunde auf der Rücksitzbank saßen. Ich wollte nachts nach Hause fahren und stand an einer Ampel. Plötzlich ist ein Backstein auf die Frontscheibe geflogen. Die Tür wurde aufgerissen, mein Telefon und mein Geld waren weg. Das sind Einzelfälle, aber du musst aufpassen. In der Nacht würde ich keine Spaziergänge machen."
„Morgen Vormittag bin ich in Katutura."
„Das ist gut. Aber dort musst du erst recht aufpassen. Vor allem in der Evelyn Street."
„Ich bin nicht allein unterwegs."
„Das ist gut."
Wir stehen am Eingang. Eine Frage habe ich noch: „Wenn die Verpächter den Daumen senken, was ist dann?"
„Darüber mache ich mir keine Gedanken – was wäre wenn. Ich weiß, ich bin okay und ich werde immer einen Weg für mein Leben finden. Noch lebt das Warehouse."
Der Taxifahrer stammt auch aus dem Norden. Wir unterhalten uns entspannt. Im Guest House sagt mir die Rezeptionistin, sie habe sich schon Sorgen um mich gemacht. Ich erzähle ihr von meiner Begegnung mit Michael. Sie schüttelt lachend den Kopf, klatscht in die Hände. Ich frage sie, was sie vom Warehouse hält. Sie zögert, ich ermutige sie. „Okay!", sagt sie, schaut kurz auf ihren Kugelschreiber, dann zu mir. „Um ganz ehrlich zu sein – aber das ist meine ganz persönliche Meinung: Ich komme nicht ganz damit klar, dass

Männer da mit Männern und Frauen mit Frauen. Ich weiß nicht, was will der oder die. Das ist mir alles ein bisschen zu offen dort." Sie spricht langsam, überlegt. „Aber", fährt sie nach kurzer Pause fort, „ich hoffe, das Warehouse bleibt. Es ist wichtig für die Stadt."

Fünfzehn

Katutura

„They are very happy, because they don't know any other way."

Erik Mwiya

„Du wirst heute das wirkliche namibische Leben sehen. Nicht das normale Programm für Touristen." Erik grinst breit. Seine rechte Hand umgreift das Lenkrad fest von oben, er rutscht auf dem Sitz nach vorne, richtet sich auf. Das Auto hat er für die Tour gemietet. Er fährt gerne damit. Erik stammt aus der Capriviregion. Sein Vater starb, als er vier war. Mit 14 zog er nach Windhoek, jobbte, unter anderem als Taxifahrer. Seit fünf Jahren macht er Führungen durch Katutura. Er hat gelernt, sich auf sieben Sprachen zu verständigen. Mit mir spricht er Englisch.

„Ab 1959 wurden die Schwarzen aus ihren ursprünglichen Wohngebieten nach Katutura vertrieben. Dort trennte man die Völker, um sie besser kontrollieren zu können. Divide et impera!" Lateinische Redewendungen kennt er auch. „Die Leute wurden dumm gehalten, auf Bildung kein Wert gelegt. Immer noch gehen die meisten Kinder nicht zur Schule. Vielen Eltern fehlt das Geld. Andere verstehen nicht, wie wichtig die Schule ist. Ohne Qualifizierung bekommt man nur schlechte Jobs." Seine Sätze knattern wie kurze Maschinengewehrsalven. „Und die verschiedenen Völker sind nach wie vor verfeindet. Die Jungen kennen nicht einmal den Grund dafür. Es wird ihnen nur vorgelebt, dass man den anderen misstrauen muss."

Vor einem noblen Hotel auf einem Hügel steigt das europäische Gegenstück zu dieser Haltung in Form einer Kleinfamilie zu: Ein Franzose, eine Deutsche und das Kind aus dieser Verbindung.

„Bevor wir nach Katutura fahren, will ich euch etwas zeigen." Wir passieren das mir mittlerweile sehr vertraute Unabhängigkeitsmuseum. Erik hält an der Alten Feste. Er organisiert einen Schlüssel für den Innenhof. Kurz darauf stehe ich vor dem Alten Reiter. Gestützt von verrosteten Metallstangen erinnert er weniger an einen kraftstrotzenden Eroberer als an einen Greis, der sich zitternd an seinem Rollator festhält. Erik führt uns zu einem Steinbild: „Hier seht ihr weiße Kinder, die im Haus etwas lernen. Die schwarzen Kinder bleiben draußen und hüten die Tiere." Spätestens jetzt wird deutlich, die Bildung ist für ihn ein zentrales Thema.

„Gibt es im heutigen Namibia eine Entwicklung?", frage ich.

Er grinst: „Es gibt Versprechungen. Bald sind Wahlen. Was bis zu dem Zeitpunkt an schulischen und sozialen Einrichtungen nicht umgesetzt wird, kommt nicht. Im Verhältnis der Schwarzen zueinander gibt es eine Entwicklung. Wir töten uns nicht mehr so schnell gegenseitig. Früher endeten Konflikte meistens erst, wenn der andere tot war. Kämpfe gibt es aber immer noch. Fidel Castro hat gesagt: Ihr müsst zusammenhalten! Er war sehr clever." Der Guide lacht. „Die SWAPO gab Castro Diamanten, die er an die Russen weiterleitete. Im Gegenzug wurden Waffen aus Russland über Castro an die SWAPO geliefert. Castro war ein guter Geschäftsmann. Die Hälfte der Diamanten hat er für sich behalten. Und er hat gesagt: Kämpft zusammen! Ihr müsst eure Teilung überwinden! Er war wirklich sehr clever."

Ob Erik die Teilung überwunden hat, will ich wissen, oder ob seine Frau Caprivianerin ist.

„Meine Eltern hätten nie akzeptiert, dass ich eine Ovambo oder eine Himba oder irgendeine aus einem anderen Stamm geheiratet hätte. Die kulturelle Identität ist hier sehr wichtig, ohne kannst du nicht überleben. Am sichersten fühlst du dich in deiner Familie. Es gibt keine Vermischung. Lange wurde es sogar unter Strafe gestellt, wenn Angehörige verschiedener Völker sich verabredeten." Er schaut das deutsch-französische Paar an. „In Europa sind die Leute offener, weil sie Schulbildung haben."

„Unsere Eltern waren auch nicht angetan, als sie erfahren haben, dass wir zusammen sind", sagt die Deutsche, „aber ausgestoßen haben sie uns nicht."

„Siehst du", sagt Erik, „das ist der Unterschied."

Der nächste Halt ist eine von der SWAPO betriebene Schule. Außen wird den Unabhängigkeitskämpfern gedacht, die auf der Gefängnisinsel Robben Island gefoltert wurden, einige starben. „Die kommunistischen Länder unterstützten die SWAPO. Die SWAPO-Kämpfer zogen sich nach Angola zurück und wurden dort in Lagern an Waffen geschult. Solange sie zusammen gegen die Südafrikaner kämpften, spielte die Volkszugehörigkeit keine Rolle. Dann gingen sie zurück in ihre Viertel und konnten sich nicht mehr ausstehen. Am besten verstehen sie sich, wenn sie für deutsche Unternehmen in Namibia arbeiten.“ Der Guide lässt den Satz stehen, als würde er sich von selbst erklären. Da er nicht weiterspricht, hake ich nach. „Die Deutschen fragen bei der Einstellung nicht nach der Herkunft. Für sie zählt nur die Qualifikation und dass du mit anderen zusammenarbeiten kannst. Sie investieren viel, wollen aber auch, dass es gut läuft. Die besten Chancen, einen guten Job zu bekommen, hast du, wenn du deutsch sprichst. Und dann hast du eine gute Dynamik: Haben die Leute genug Essen, sinkt die Kriminalität.“

Wir fahren durch ein Industriegebiet. Wieder rückt Deutschland näher, wir kreuzen die „Dortmundstraße“.

„Ich liebe den BVB“, sagt der Caprivianer. „Und meine Kinder lieben den BVB. Den BVB spielen zu sehen ist besser als in die Kirche zu gehen.“ Ich kommentiere den Satz nicht. Im Englischen reimt er sich nicht und klingt deshalb weniger pathetisch. Jedem leidgeprüften Dortmundanhänger, der diese Zeilen liest, gönne ich die Beliebtheit des Vereins. Trotzdem wechsle ich das Thema und deute auf ein Geschäft, vor dessen Schaufenster Perücken ausgestellt sind.

Erik lacht: „Wir sind in China Town. Die Chinesen sind auf Haarmittel spezialisiert. Das Haar der Schwarzen ist hart. In den Geschäften werden Mittel verkauft, die es weich machen. Das ist teuer, aber vielen schwarzen Frauen sehr wichtig. Meine Frau ist glücklich, wenn sie das kauft. Die Chinesen verkaufen auch Haare aus Plastik. Seit 1996 sind sie hier und sie sind unglaublich erfolgreich.“

Auch wenn der Wunsch groß ist, in Katutura können sich viele weder die Weichmacher noch die Plastikperücke leisten. Wir fahren an Holzstöcken vorbei, über denen Plastikplanen liegen.

„Das sind die Häuser der ganz Armen“, sagt Erik. „Ihr werdet heute viele Kinder treffen. Keines hat Spielzeug, für keines nimmt sich ein Elternteil Zeit, um mit ihm zu spielen. Aber sie sind glücklicher als die Kinder in eurer Heimat. Sie sind sehr glücklich, weil sie es nicht anders kennen.“ Er schaut kurz zu mir, sein Blick wird ernst. „Wenn sie älter sind, wird es schwieriger. Die Leute machen sehr viele Kinder. Sie denken, die Kinder helfen ihnen, wenn sie selbst alt sind. Aber die Jungen hängen nur herum, gehen nicht in die Schule. Sie lernen nichts.“

Wir fahren durch die Hererostreet, danach durch einen unbewohnten Streifen. „Das ist das Niemandsland. Es wurde geschaffen, um

Gebiete zu trennen. Heute wird die Trennung aufrechterhalten, um Eskalationen zu vermeiden. Man darf zwar über das Niemandsland in das Gebiet eines anderen Stammes laufen. Aber man darf dort nicht Alkohol in einer Bar trinken oder auf dem Markt kaufen. Trinkt jemand Alkohol, wird er aggressiv und dann eskaliert die Situation."

Wir halten im Gebiet der Ovambos. Die Wellblechhütten stehen eng beieinander. Vier halb hohe, nach oben offene Blechwände umgeben zwei Quadratmeter feuchten Boden. „Das ist die Dusche", sagt Erik. Immerhin eine Dusche, denke ich.

„Für 60 Menschen", fährt er fort. „Keiner beschwert sich. Daneben ist die Toilette für das „kleine Geschäft". Für das große musst du 40 Minuten laufen. Deshalb muss man Sachen essen, die dir diese Zeit lassen. In der Hütte lebt eine Frau mit sieben Kindern." Wir treten näher. Die Unterkunft ist in drei Räume unterteilt, insgesamt maximal 20 Quadratmeter.

„Wovon lebt sie?", frage ich.

Der Guide verschwindet hinter der Hütte. Ein paar Sekunden später erscheint er mit einem abgesägten Kuhschädel. Die Augen sind noch in den Höhlen. „An den Köpfen, die sie vom Schlachthof kauft, ist nur wenig Fleisch. Sie schabt es ab, trocknet und verkauft es." Er deutet auf eine Wäscheleine, an der dünne Streifen hängen. Auf dem Fleisch sitzen Fliegen. „Wenn die Fliegen sich auf das Fleisch setzen, ist es gut."

Unsere skeptischen Blicke erstaunen ihn: „Wie findet ihr denn heraus, ob man etwas noch essen kann?"

„Wir lesen das aufgedruckte Haltbarkeitsdatum", sage ich. Die anderen nicken.

Erik lacht: „Und darauf vertraut ihr?"

Das sagt einiges über das Vertrauen, das hier den Lebensmittelherstellern entgegengebracht wird. Die Herrin des Hauses lässt uns einen kurzen Blick auf die Lieferung des Schlachthofs werfen: 10 Köpfe mit 20 Augen liegen in einer Kiste. Darüber beziehungsweise darauf laufen oder fliegen etwa 40 Haltbarkeitsgaranten.

Vor der Hütte haben sich inzwischen einige Kinder im Grundschul- oder Kindergartenalter versammelt und beobachten uns zunächst vorsichtig. Die Vorsicht weicht schnell der Neugierde. Ein kleiner

Junge mit zerrissenem T-Shirt streicht mir über die Hand. „Sie finden eure weiße Haut interessant, noch interessanter aber eure Haare. Sie staunen, dass sie so weich sind“, sagt Erik. Ich gehe in die Hocke. Sofort bin ich von einigen umringt. Hände streichen mir über den Kopf. Die Kinder glucksen fröhlich. Als ich wieder aufstehe, stellt sich der Junge, der zuerst zu mir kam, neben mich und posiert wie ein Profifußballer mit verschränkten Armen.
„Darf ich ihn fotografieren?“, frage ich Erik.
„Er ist enttäuscht, wenn du es nicht tust.“
Ich fotografiere einige Kinder und zeige ihnen die Aufnahmen. Jedes Bild, das sie betrachten, entfacht neue Begeisterung. Sie weichen nicht von unserer Seite. Als wir im Auto sitzen, laufen sie neben uns her und winken. „Ihr seid für sie Spielzeug. Sie freuen sich, euch zu sehen.“
Das Lächeln aus Eriks Gesicht verschwindet: „Sie müssten alle zur Schule gehen. Wenn sie älter werden, verlieren sie diese Freude. Dann denken sie daran, was sie von euch wie bekommen können. Hat eine Familie sieben Kinder, kann davon nur eines in die Schule gehen. Es läuft jeden Morgen bis zu zehn Kilometer in die Schule, ohne Wasser, ohne Pausenbrot. Bis Mittag lernt es in der Schule und bekommt dort kein Essen, kein Trinken. Dann läuft es zehn Kilometer zurück. Erst zu Hause gibt es etwas. Dieses Kind ist unheimlich stolz, dass es als einziges zur Schule darf und unterrichtet die Geschwister zu Hause.“ Seine Stimme schwillt mit jedem Satz an. Zornig und laut ruft er: „Alle müssten zur Schule gehen!“
An einer Wasserstelle hält Erik an und beruhigt sich wieder. Er deutet auf den Hydranten mit Wasserzähler und Lesegerät: „Die Ovambo, die in der Nähe wohnen, haben Glück, die Stämme aus den anderen Vierteln weniger. Meistens holen Kinder das Wasser. Sie laufen mit ihren Kanistern sieben bis acht Kilometer. Für das Wasser muss man zahlen, sie müssen gut darauf aufpassen.“
Prompt kommt ein Mädchen mit einem Plastikkanister, in den sie den am Hydranten befestigten Schlauch hält. Mit einem speziellen Schlüssel bringt sie das Wasser zum Fließen. Der Schlauch hat ein Leck, Wasser spritzt daneben. Das ist der Grund, warum der Boden rund um die Armatur so feucht ist. Ich blicke zu Erik. Er zuckt mit den Schultern: „Ich darf den Schlauch nicht austauschen.“

Wir gehen den Hügel hinauf und lassen das Auto zurück. Unser Guide hat keine Sorge, dass es entwendet oder beschädigt wird: „Sie kennen mich hier." Am Ende des Weges betreten wir eine unauffällige Wellblechhütte. „Das ist eine Bar", sagt Erik. Ohne die Erklärung hätte ich das nicht sofort erkannt, da in meinen Augen typische Einrichtungsgegenstände wie Tische und Stühle fehlen. Die Betreiberin hat die Erlaubnis, Alkohol herzustellen und zu verkaufen. Der Ausschank, der an einen Bankschalter in einem Western erinnert, ist mit einem starken Metallgitter gesichert – wie der Glücksspielautomat. Ausgeschenkt wird Apfelmost und Schnaps. Ein Plakat über dem Ausschank zählt die Benimmregeln des Lokals und die Konsequenzen bei Verstößen auf. Die Inhaberin erwirtschaftet mit dem Verkauf so viel, dass sie zwei Töchter auf die Schule schicken kann. Bereitwillig zeigt sie uns den direkt angrenzenden Raum. Um einen Tisch stehen Stühle, ein kleiner Ofen, ein Regal mit Kleidungsstücken, Plastiktüten und ein zerstörter, alter Röhrenfernseher: Küche, Wohn- und Esszimmer verdichtet auf zehn Quadratmeter. Auf dem Tisch steht eine Schüssel mit Maisbrei. Der Mealie Pap ist Frühstück, Mittag- und Abendessen, am Morgen flüssig, am Abend fest. Die zwei Schulkinder kommen in den Raum, in dem schon die Mutter, Erik, ich und die deutschfranzösische Kleinfamilie um den Tisch stehen. Unser Anblick beeindruckt die beiden Mädchen nicht. Für sie viel wichtiger: Heute ist Zeugnistag. Erik scheinen sie gut zu kennen, denn auf seine Aufforderung hin, holen sie ihre Zeugnisse aus der Tasche. Die jüngere ist in Mathe gut, Englisch hat sie nur knapp bestanden. Erik hebt streng den Finger: „Das muss besser werden." Sie blickt ein bisschen gelangweilt. Die ältere hält mir ihr Zeugnis hin. Ob ich es einmal anschauen will. Ja klar, eine solche Gelegenheit bietet sich nicht jede Woche. Drei weitere Geschwister drängen neugierig in den Raum, sie wollen es ebenfalls sehen. Dicht beisammen studieren wir in einer unbeleuchteten Hütte das Zeugnis. Es weist keine Noten, sondern Prozentzahlen aus. Soweit ich das beurteilen kann, ist Monika ziemlich fit, auch in Englisch. Anerkennend nicke ich. Sie nimmt es wohlwollend zur Kenntnis und verlässt den Raum. „Monika wird ihren Weg gehen", sagt Erik gedämpft zu mir: „Sie ist so clever, sie versorgt ihre Geschwister, sie weiß, was sie will." Dann hebt er die Stimme: „Kommt mit, ich zeige euch noch etwas." Er schiebt einen Vorhang beiseite. In dem Nebenraum sind etwa acht Quadratmeter mit Matratzen ausgelegt.

„Wie viele schlafen hier?“, frage ich Erik.

„Zwei Erwachsene und sechs Kinder. Sie müssen eng beieinander schlafen, um sich zu wärmen. In der Nacht wird es sehr kalt.“

Wir verlassen die Hütte. Über uns sind Wäscheleinen aufgehängt, auf denen Fleisch trocknet. Den vielen Fliegen nach zu urteilen, muss es ganz hervorragend sein.

Wir fahren durch das Niemandsland, dann in das Gebiet der Capriviauer. „Das sind meine Leute.“ Erik freut sich, grüßt jeden, an dem wir vorbeifahren, überschwänglich. „Ich zeige euch meine Hütte.“

Wir treten ein. Es ist aufgeräumt. Ich setze mich auf eine alte, durchgesessene Couch. Das Preisschild und der Tresen verraten, dass auch unser Guide Getränke verkauft. Plötzlich hat er seine kleine Tochter auf dem Arm und streichelt mit einer Hand sanft die Hirse, die einen großen Korb füllt. „Man kann hier leben“, lächelt er, „nur sollte keiner krank werden. Das kann keiner bezahlen. 500 N$ kostet ein Besuch im Krankenhaus. Und da sehen sie nur nach, was du hast.“

„Wie viele Kinder hast du?“, frage ich ihn.

„Drei – mit derselben Frau.“ Wieder lacht er und wird kurz darauf ernst. „Ich liebe meine Frau. Außerdem ist es nicht klug, Kinder mit verschiedenen Partnern zu haben. Das kann keiner bezahlen. Und es gibt ein großes Problem mit HIV. Das geben alle an ihre Partner und die Frauen an ihre Kinder weiter. Es ist die häufigste Todesursache in Namibia. Sie stecken sich an, aber keiner geht zum Arzt. Es gibt staatliche Programme. Da werden Kondome verteilt, aber den Leuten wird nicht gezeigt, wie man sie verwendet.“

Er setzt sich mit seiner Tochter auf den Stuhl. Die kleine wippt auf seinem Knie, seine Augen leuchten.

„Es ist alles offen, du hast kein Gitter und keine Tür“, sage ich.

„Mir wurde noch nie etwas gestohlen. Die Kriminalität ist sehr gering. Wir vertrauen uns. Wenn du aber von außen nach Katutura kommst, ist es hart. Du brauchst Verbindungen. Jeden Tag kommen vom Land Menschen, die glauben, dass es hier besser sei. Sie wissen nicht, dass du ohne Hilfe keine Chance hast. Mittlerweile leben über 300.000 Menschen in Katutura, viel mehr als im übrigen Windhoek.“

Am Rande der Siedlung der Caprivianer spielen einige Jungen auf einem staubigen Platz Fußball.
„Spielen die Kinder von anderen Stämmen mit?", frage ich Erik.
„Nein!", er schüttelt den Kopf, „das gäbe Krieg. Das ist fast so gefährlich, als würde hier ein Herero oder Himba Alkohol trinken."
Kurz darauf fahren wir noch einmal durch das Hererogebiet. Parallel zur Straße läuft ein Mann mit einem Stock in der Hand.
„Viele Herero tragen solche Stöcke. Herero sind sehr stolz. Sie heiraten oft nur Cousinen. Ein Problem mit ihnen zu lösen, ist oft sehr, sehr schwierig."
„Und die Himba?"
„Das gleiche. Sie sind auch sehr stolz. Weil sich die Stämme nicht vermischen, kann ich dir auf den ersten Blick sagen, zu welchem Stamm jemand gehört."
Ich teste das kurz darauf vor dem Markt. Erik ordnet – ohne dass ich das verifizieren kann – sofort den Betreffenden einem Stamm zu. Ebenso sicher bewegt er sich durch die Auslagen des großen Marktes, führt uns an gerösteten Mopaneraupen, Brot, Gewürzen, Getreide und Holz vorbei. In der Mitte spielen junge Männer Billard. Unweit davon entfernt zerteilt ein Metzger mit einem großen Beil Fleischbrocken. Wir nehmen an einem langen Tisch Platz. Erik bestellt Mealie Pap, Rindfleisch und Brötchen. Ob es auch Gemüse auf dem Markt gebe, fragt die deutsche Mutter.
„Ja, Hühnchen und Schwein gibt es dort", antwortet der Guide.
Ich zögere kurz. Er meint es ernst. Rind und Wild sind für ihn Fleisch, der Rest „vegetables". Und er ist, wie ich auf Schildern lese, mit dieser Einordnung nicht allein. Als serviert wird, hält sich die Kleinfamilie zurück: Mutter und Tochter sind Vegetarier. Dem restlichen Tellerinhalt trauen sie ebenfalls nicht. „Wir haben ja unseren Urlaub noch vor uns", entschuldigt sich die Frau. Der Franzose ist mutiger und nimmt sich ein kleines Eckchen des Maisbreis.
Ich wäge ab: Zwar habe ich heute einige Hände geschüttelt und weiß nicht, durch wie viele Hände das Essen ging, aber ich setze voll auf meinen Magen. Mit der Hand nehme ich vom Mealie Pap und („jetzt ist es eh schon egal") auch vom Rest. Es schmeckt hervorragend. Danach teilt Erik die Nachspeise, die „Elefantenfrucht aus dem

Norden“. Er nennt ein langes Wort mit nur einem Vokal, der dafür umso häufiger vorkommt, es klingt wie „Muguruguru“.

„Wenn die Elefanten die Früchte sehen, gibt es kein Halten mehr“, grinst er. „Sie stoßen gegen den Baum, bis die Früchte herunterfallen oder der Baum umknickt.“

Den Geschmack würde ich am ehesten mit dem einer Pflaume vergleichen. Und ich hoffe, dass es nicht bald in mir „kein Halten mehr gibt.“

Noch ist alles entspannt. Wir schlendern über den Markt. Am Ausgang verschwindet die Entspannung schlagartig. Ein junger Mann stellt sich unseren beiden Vegetarierinnen in den Weg. Offenbar möchte er von der Mutter Geld. Sie versucht, ihm auszuweichen. Erik schaltet sich ein: „Sie will nicht mit dir reden.“

Der andere schreit aggressiv: „Ich rede nicht mit dir!“

Erik wird leise: „Aber mit meinen Kunden.“

Mit zwei Händen stößt der Mann Erik weg und schreit: „Ich zeige dir gleich, was ich mit dir und deinen Kunden mache.“

Wir sind langsam weitergegangen, immer mit Blick auf unseren Guide. Der lässt sich auf keine Auseinandersetzung ein, weicht weiteren Stößen aus und schließt unaufgeregt zu uns auf. Der andere schreit ihm wilde Beschimpfungen nach. Bis zum Auto schweigen wir. „Das ist das Problem, wenn Männer schon am Morgen Alkohol trinken“, sagt Erik ruhig.

Wir halten an der Kreuzung Independence Avenue / „Hans-Dietrich-Gencher-Street“. Der ehemalige Außenminister hat sich für die Unabhängigkeit des Landes eingesetzt. Sein Name ist – anders als der einiger anderer Deutscher – bei der SWAPO gern gesehen. Dass ihm dabei ein „s“ genommen wurde, wird er zu Lebzeiten sicher verschmerzt haben. Jugendliche verkaufen den an der Ampel wartenden Autofahrern Süßigkeiten. Erik verliert seine Gelassenheit. „Die brauchen eine Beschäftigung, eine Freundin und Essen. Wisst ihr, was das Problem ist? Wenn du in der Fleischfabrik arbeitest, bekommst du im Monat 1.000 bis 1.200 N$. Die Schule für ein Kind kostet 1.000 bis 1.500 N$ pro Monat. Für einen Platz an der Universität zahlst du 100.000 N$ im Jahr. Die Armut bringt die Leute dazu, alles Mögliche zu machen. Wenn Chinesen zu dir kommen und sagen: Wir geben dir 5.000 N$, wenn du dieses Tier tötest und zu uns bringst, dann machen sie das. Für 5.000 kannst du das Kind eine Weile in die Schule schicken oder ein Haus bauen. Und die Leute hier wissen, wie man jagt." Er wird sehr laut: „Aber meinst du, sie senken die Schulkosten oder schaffen Ausbildungsplätze? Unsere Präsidenten haben großen Luxus und viele Mercedes. Sie geben viel für ihre Sicherheit aus. Könnt ihr eure Kanzlerin sehen?"

„Ja, im Bundestag, wenn man sich lange genug anstellt."

„Unseren Präsidenten siehst du nie. Nur im Fernsehen siehst du die Autos oder seine Flugzeuge."

Ich erzähle, dass Angela Merkel einmal einen Linienflug nehmen musste, weil die Regierungsmaschine eine Panne hatte, was hin und wieder vorkommt. Erik lacht. Kurz darauf ist er wieder in Rage: „Schaut euch das an!" Er deutet auf gemauerte, mit Stacheldraht gesicherte Häuser. „Dort wohnen SWAPO-Funktionäre. Ihnen gehören die großen Bars und die meisten Taxen, die sie an Fahrer vermieten. Solche Häuser finanzieren sie mit Schmiergeldern. Dort fließt das Geld hin. Die SWAPO wird nicht kontrolliert, es gibt keine echte Opposition. Und die SWAPO ist gut darin, andere verantwortlich zu machen. Es gibt immer Böse, auf die sie zeigen: Was die Deutschen vor 100 Jahren gemacht haben. Vor 100 Jahren! Was die Südafrikaner gemacht haben. Sie lenken nur davon ab, dass sie nichts für die Jugendlichen machen, nichts!"

Ich denke, Erik ist clever genug zu wissen, was bei seinen Kunden auf offene Ohren stößt und was nicht. Teilweise schreit er seinen Zorn aber so laut heraus, dass es wenig Raum für die Annahme eines Schauspiels lässt. Wir schweigen.

„Wo hast du eigentlich das Autofahren gelernt?", frage ich nach einer Weile. Er lächelt. Das Thema gefällt ihm. „Freunde haben es mir beigebracht. Eine Fahrschule hätte ich nicht bezahlen können. Ich habe so lange geübt, bis ich es konnte. Dann habe ich mich direkt zur Prüfung angemeldet und bestanden." So einfach ist das.

„Unabhängig von der Bezahlung der Tour – können wir dir außerdem etwas geben?"

„Ihr könnt etwas für die Kinder besorgen."

„Und was wollen sie?", fragt die Frau von der Rücksitzbank, „Süßigkeiten?"

Erik wiegt langsam den Kopf. „Am besten sind Schulsachen. Und Knabberzeug. Süßes ist schlecht für die Zähne und einen Zahnarzt können sie nicht bezahlen."
Er fährt uns zu einem Supermarkt. Während ich suchend vor einem Regal stehe, hat er schon alle vorrätigen kleinen und großen Schulhefte, zwei Spitzer und drei Packungen Bleistifte geholt. Kein Zweifel: Bildung ist ihm sehr wichtig. Die Familie und ich teilen die Schulsachen an der Kasse auf und geben sie ihm danach zusammen mit Knabbersachen wieder. Er strahlt: „Ich werde das verteilen." Das glauben wir ihm.
„Es ist wichtig, dass Weiße nach Katutura kommen", sagt er auf der Fahrt zurück in die Innenstadt. „Weiße Namibier sehen sich das nicht an. Sie ignorieren es."
„Hätte ich heute allein sicher durch Katutura gehen können?"
Er lacht und schüttelt den Kopf: „Für die Leute dort sind alle Weißen reich."
Kurz darauf schwimme ich im Pool. Die Hotelanlage ist ein heftiger Kontrast zu dem, was ich gesehen habe. Danach bringt mir der Kellner einen Cappuccino und leistet mir Gesellschaft. Er wohnt ebenfalls in Katutura und teilt viele Ansichten Eriks, wenngleich er durchgehend ruhig spricht. Die Geschichte von der uneitlen Bundeskanzlerin, die nicht mit großen Autos oder Flugzeugen protzt, interessiert ihn, ebenso, dass grundsätzlich jeder den Bundestag bei der Arbeit beobachten kann.
„Würde ich dem namibischen Parlament zuschauen wollen, würde man mich wegjagen."
„Ich habe es versucht."
„Wie?"
„Ich wollte mir das Parlament ansehen."
„Was? Und?"
„Sie haben mich weggeschickt."
Er lacht und schüttelt den Kopf: „Du hast Ideen."
Ein Weißer, Mitte 50, fragt, ob er sich zu mir setzen darf. Er plaudert mit uns beiden, den Kellner scheint er gut zu kennen. Nachdem ich von meiner Reise erzählt habe, erzählt er auf meine Nachfrage hin, dass er der Inhaber des Hotels und außerdem noch einer großen Farm sei. Henry meidet jegliche Angeberei, er interessiert sich in

erster Linie dafür, wie es seinem Kellner, dessen Familie und mir geht. Gleich welches Thema wir danach ansprechen, sein Optimismus ist nicht zu erschüttern. Michael Ott stößt dazu. Ich lasse ihn mit Henry am Tisch zurück und ziehe mich um.

„Schade, dass ich aufbrechen muss“, sagt Henry, als ich wieder bei ihnen bin. „Ich wäre gerne mit euch losgezogen.“

Dann machen wir das zu zweit. Wir fahren zunächst zu „Joe’s Beerhouse“, wo am Eingang für „Homemade Gluehwein“ geworben wird, danach zum „Urban Garden“ und zum „Roof of Africa“. Alle Lokale sind ansprechend eingerichtet, bei allen sorgen Mauern, Stacheldraht und Security dafür, dass sich die Gäste sicher fühlen.

„Stresst es dich nicht, außerhalb der Lokale und deines Hauses immer auf der Hut sein zu müssen?“, frage ich Michael. „Für mich ist es Lebensqualität, nachts ohne einen Gedanken an meine Sicherheit durch Würzburg schlendern zu können.“

„Manchmal ja, aber du gewöhnst dich daran. Und dieses Bewusstsein für das, was um dich passiert, hat auch Vorteile.“

Er trinkt einen Schluck Bier. „Mich stresst eher die irrationale Angst, die die Menschen in Deutschland haben. Wenn ich dort bin, habe ich den Eindruck, viele fühlen sich ständig von irgendetwas bedroht: Irgendetwas könnte teurer werden, irgendwo wurde irgendjemand angegriffen, etwas könnte einem weggenommen werden.“

Ich kann nicht beurteilen, inwieweit diese Ängste typisch deutsch sind. In der „Zeit“ las ich einmal einen Artikel über „angeborene Schwarzseherei“, die medial verstärkt wird. „Was nicht in der Zeitung steht“ waren Fakten wie: Die Zahl der Menschen in extremer Armut sinkt jeden Tag durchschnittlich um 137.000; die Zahl der Kinderkrippenplätze hat sich in den letzten zehn Jahren verdoppelt; die Anzahl der Toten durch Infektionskrankheiten geht zurück; weltweit gibt es mehr Schutzgebiete denn je; die Anzahl der freiwillig Engagierten in Deutschland nimmt zu; die Ausgaben für Bildung pro Schüler sind auf einem Allzeithoch; nur 16 Prozent der Deutschen fühlen sich benachteiligt. Der Kognitionswissenschaftler Steven Pinker hat solche Umstände auf 700 Seiten zusammengetragen und umfangreich belegt. Und obwohl laut Pinker unsere Welt die „beste aller Zeiten ist“, in der die Menschen so lange, gesund, sicher und gebildet leben wie nie zuvor, ist die Wahrnehmung, vor allem aber die mediale Aufbereitung dieser Welt eine ganz andere. Die Sitten, die Bildung, die Nahrung, das Miteinander, die Schwimmfähigkeit der Kinder, die Sicherheit: Alles geht dahin, verkommt. Die Gesellschaft ist „gespalten", meistens mit dem Zusatz „tief". Das liegt unter anderem an der sogenannten Negativitätsbias: Niederlagen und Gefahren werden stärker wahrgenommen als Positives, was in der Steinzeit überlebensnotwendig war. Die Schwarzseher, die überall Gefahren vermuteten, überlebten, indem sie rechtzeitig flohen oder Werkzeuge zur Verteidigung herstellten. Sie pflanzten sich fort. Befeuert wird diese Anlage durch negative Nachrichten: Je öfter sie wahrgenommen werden, desto tiefer werden sie verankert. Die Gefahr eines Terroranschlages ist uns präsenter als die wesentlich realere Gefahr des Ertrinkens in der Badewanne. Nach einer Umfrage ist für US-Amerikaner ein Tornado gefährlicher als Asthma, obwohl achtzigmal mehr Menschen an Asthma sterben. Wer etwas Positives, Relativierendes berichtet, gilt wegen der allgemeinen Präferenz für das Negative als naiv, die Verbreiter schlechter Nachrichten werden für intelligenter gehalten. Sie haben das Defizit, die bevorstehende Katastrophe erkannt. Welcher Journalist will das nicht für sich in Anspruch nehmen, hat er doch mit hochgezogener Augenbraue schon ganz früh den Finger in die Wunde gelegt. Die Skandalfixierung bei der Berichterstattung unter großzügiger Verwendung der Worte „schrecklich", „unfassbar" oder „grauenhaft" bereitet paradoxerweise gerade jenen den Boden, die jeden sachlich-kritischen Journalismus am liebsten beseitigen wollen.

„Was mich in den Artikeln stört, ist die fehlende Trennung der Tatsachen von den Wertungen. Werden die Bewertungen nicht getrennt in einen persönlichen Kommentar gepackt, sondern in den Bericht gemischt, manipuliert der Verfasser und nimmt für sich die Deutungshoheit in Anspruch. Und das Weglassen unliebsamer (etwa zu positiver) Fakten führt zu einer indirekten Wertung. Die sachliche Information, die ein eigenes Bild erst ermöglicht, kommt in meinen Augen zu kurz. Dadurch entsteht ein Gefühl der Ohnmacht", sage ich.

„Das haben wir schön herausgearbeitet", grinst Michael. „Ich lese keine Zeitung mehr. Und seitdem geht es mir viel besser."

Damit will ich mich nicht abfinden. Immerhin gibt es bei einigen großen Zeitungen noch ansatzweise Selbstreflexion und eine gewisse Verzögerung zwischen Anlass und Skandalmeldung. Aber das führt jetzt zu weit.

Unser Weg führt ins Warehouse, wo sich junge Weiße und Schwarze auf der Tanzfläche zu amerikanischem Hiphop der 90er und Kwaito bewegen.

„Die Stimmung ist sehr entspannt", sage ich.

„Was mich ehrlich gesagt auch einiges kostet: Dafür habe ich eine professionelle Security. Wer nach Stress aussieht, bleibt draußen."

Drei Stunden später liege ich in meinem Bett und lasse den Tag durch den Kopf ziehen, die Armut in Katutura und die Zukunftsängste in Deutschland. Ich denke an den „Zeit"-Artikel und eine Ermutigung, mit der Henno Martin in Kenntnis von Bevölkerungsexplosion und Umweltzerstörung im Hinblick auf das Potential des Menschen, sich nach leidvollen Erfahrungen zu entwickeln, sein Buch beendet: „Wir brauchen noch nicht zu resignieren. Wir sind Nachkommen von Überlebenskünstlern."

Sechzehn

Windhoek

„Namibia is a large country with few people."

Gestern lud mich Michael zu seiner heutigen Yoga-Stunde ein. Die Lehrerin betreibt vom Erlös ein Yoga-Projekt im Norden des Landes. Die Teilnahme dort ist kostenfrei.

„Und wir könnten danach zusammen Fußball spielen. Wie vor 30 Jahren."

Die Yoga-Stunde verschlafe ich und meine Fußballschuhe liegen in Würzburg. Dagegen rückt im Frühstücksraum die Heimat plötzlich näher als ich möchte: „Verlieben, verloren, vergessen, verzeih'n", philosophiert Wolfgang Petry durch die Boxen: „Jetzt liebst du halt 'nen anderen und mein Herz schaut traurig zu...jetzt ist es zu spät." Für mich ist es glücklicherweise nicht zu spät für einen großen Spaziergang. In der Post St. Mall Street entdecke ich ein paar nette Ecken, im BoxxCafé höre ich in der Sonne sitzend einem guten Gitarristen und einem noch besseren Sänger zu, wie sie zunächst James Blunts „You're beautiful" zum Besten geben. Das letzte Mal hörte ich dieses Lied vor über zehn Jahren, das nächste vor fast 20 Jahren. Mit einem Freund spielte ich es bei zwei Auftritten im Schweinfurter Brauhauskeller: Zwei Gitarren, ich sang es – und erkenne neidlos an: Bei den beiden hier klingt der „Redemption song" besser. Bob Marley würde die Darbietung vermutlich mindestens genauso gefallen: Mitten in Windhoek werden seine Zeilen gesungen, wie „emancipate yourselves from mental slavery, none but ourselves can free our minds". Das Apartheidsregime ist nicht mehr an der Macht und die weißen Gäste des Cafés spenden nach dem Song kräftig Applaus. Den Wandel der Verhältnisse sah ich auch gestern Abend. Michael führte mich durch das gesamte Warehouse und zeigte mir das zugehörige Theater. „Das soll eine Bühne sein, auf der Meinungen geäußert werden. Klar wird sie vor allem von schwarzen Künstlern manchmal genutzt, um den Frust über ihre Verhältnisse loszuwerden. Und die Weißen kommen in den Liedern und Botschaften selten gut weg. Solange nicht aufgehetzt wird, soll aber jeder seine Meinung sagen können", sagte er.

Ob auch Weiße dort auftreten, fragte ich.

„Nicht mehr so viele, vielleicht zehn Prozent. Mit Rockmusik, Metal oder Punk tun sich viele Schwarze schwer. Die Toten Hosen oder Rammstein würde ich trotzdem spielen lassen. Da kämen sogar Zuhörer aus Südafrika."

Das Stadtbild verändert sich ebenfalls: In der Independence Avenue wird auf einer Großbaustelle an einem Gebäudekomplex gearbeitet. Die Sperlingstraße, laut Stadtplan eine Querverbindung von der vom erwähnten Architekten Sander entworfenen Schwerinsburg zur Heinitzburg, wird durch eine Baustelle unterbrochen. Ich laufe den Hügel wieder hinab und von der anderen Seite hinauf. Der Weg lohnt nicht nur wegen der mittelalterlichen Optik der Heinitzburg mit ihren Türmen und Zinnen. Der Blick auf die Stadt begeistert mich erneut. Vor einer Woche stand ich hier mit meinem Bruder. Heute habe ich Zeit für einen Cappuccino und einen „Apfelstrudel". Er ist gut, erreicht den Apfelkuchen in Solitaire aber nicht. Dafür sitze ich auf einer weitläufigen Terrasse, schaue auf die Hügel, die die Stadt einrahmen und spüre angenehm kühlenden Wind. Ich sehe die Straße nach Süden, auf der wir vor zwei Wochen mit ungewohntem Fahrgefühl unterwegs waren, und die Straße Richtung Okahandja, die ich vor einer Woche zu meiner Erleichterung fand. Die Wüste, der Waterberg, die Granitfelsen in Spitzkoppe, der Holzschnitzermarkt, die Elefanten, die Wellen in Swakopmund, Michael, Given, Joan – dichtgedrängt fließen die Bilder durch meinen Kopf. Für jedes bin ich dankbar.

Auf dem Rückweg gerate ich im Zoo Park in eine Hochzeitsfeier. Fast alle Gäste singen, tanzen und lachen, alles gleichzeitig. Mein letztes Gespräch in Namibia führe ich mit dem Taxifahrer, der mich zum Flughafen bringt. Auch er stammt aus dem Norden, auch er lebt in Katutura. Aber er hat das Glück, dass seine drei Kinder bei ihm sind. Und er interessiert sich für Deutschland, vor allem die Natur.

„Gibt es dort Elefanten?", fragt er mich.

„Nur im Zoo."

„Sie können nicht frei herumlaufen?" Er runzelt die Stirn.

„Das könnte Probleme geben. In Deutschland leben sehr viele Menschen. Das Zusammenleben mit frei umherziehenden Wölfen in Wäldern ist dort schon eine große Herausforderung."

„Und die Nashörner und Löwen? Die sind auch nicht frei?"
„Nein."
Er denkt nach. Die Vorstellung behagt ihm nicht. Dann sagt er: „Namibia ist ein großes Land mit wenigen Menschen."
Am Flughafen kaufe ich meine letzte Allgemeine Zeitung. Im Kulturteil ist ein Brief des deutschen Siedlers Hans Warncke vom 16. April 1901 an seine Eltern abgedruckt. Er beschreibt eine Reise mit dem Ochsenkarren, hofft, dass die Buren den Krieg gegen die Engländer gewinnen und er in Südwest ein Vermögen machen wird. Im Teil „Inland" wird in einem Artikel der Umwelt- und Klimaschutz thematisiert. Die Gedanken daran, an das Kohlendioxid und das Fliegen begleiten mich, seit ich den Entschluss zu dieser Reise fasste. Jetzt, kurz vor dem Abflug, sind sie wieder da, zusammen mit der Frage: „Darf man das?" Genauer: „Darf ich das?" Und falls ja, mit welchem Gefühl?
In der Süddeutschen Zeitung las ich einen Artikel über eine bayerische Familie („Du doch auch"). Die 15jährige Tochter engagiert sich bei „Fridays for Future" und kritisiert ihren Vater, der mit dem SUV pro Woche 700 km zur Arbeit pendelt. Warum kein Elektroauto, fragt die Tochter. Weil er am Freitagabend nach Hause wolle, könne er sich nicht vorstellen, unterwegs stehen zu bleiben, um den Wagen zu laden, lautet seine Antwort. Warum ein SUV und kein anderes Auto? Diese Frage wird im Artikel weder gestellt noch beantwortet. Aber der Vater erklärt, er habe bewusst eine Photovoltaikanlage auf das Dach gebaut, die mehr Strom produziere, als die Familie verbrauche. Dann blickt er auf die 700 km. Toll sei das nicht, sagt er, aber das sei ein Konflikt, den man aushalten müsse. Der Pendelverkehr, der Wunsch, nach Hause zu kommen und der Klimaschutz. Das sei alles kompliziert.
Warum fliegst du, könnte man mich fragen. Und ich könnte der Argumentationslinie des Vaters folgend antworten: Ich fahre bewusst täglich 200 km mit dem Zug trotz aller Überraschungen, die die Bahn aufbietet: Schienenersatzverkehr, ausfallende Klimaanlagen im Sommer, Verspätungsgründe, die jedwede Phantasie sprengen. Bewusst habe ich mich für ein Reihenhaus entschieden, weil ich die Versiegelung großer Bodenflächen und hohen Energieverbrauch für nicht zukunftsfähig halte. Dann blicke ich auf den CO_2-Ausstoß

eines Flugzeugs. Toll ist das nicht, aber ich möchte in diesem Leben diese Länder sehen und die Menschen – wenn auch nur kurz – treffen.

Muss man dafür fliegen? Der Dokumentarfilm „weit.de“ zeigt die mehrjährige Reise des Paars Gwendolin Weisser und Patrick Allgaier um die Welt, per Anhalter, in einem Containerschiff, einem Kleinbus, zu Fuß. Sie machen sich Gedanken über den Schadstoffausstoß des Containerschiffs. Doch sie fliegen nicht. Ich fliege nach Namibia, weil mein Zeitfenster für ein anderes Transportmittel viel zu klein ist.

Warum dann überhaupt dorthin reisen, könnte man weiter nachhaken – vor allem, wenn man den Wunsch nach solchen Reisen nicht verspürt.

Jetzt bin ich an einem entscheidenden Punkt angelangt, den ich nicht umschiffen möchte. Es geht darum, wie man ein Leben leben will und inwieweit man dabei gute Vorsätze integrieren kann. Das spürt auch die 15jährige Tochter, die dem Vater wegen seines Autos auf den Zahn fühlt. 40.500 Nachrichten hat sie auf ihr Smartphone erhalten, seit sie die Klimastreiks organisiert. Sie weiß, Herstellung und Nutzung der Mobiltelefone sind im Hinblick auf den CO_2-Ausstoß ein Desaster. Bis 2040 sollen die Smartphones für 14 Prozent aller Emissionen verantwortlich sein. Aber, sagt die Tochter, sie nutze das „auch viel für Fridays for Future.“ Ein Konflikt, den man aushalten müsse.

Der Klimaschutz ist kompliziert. Ich denke, er wird zum Gordischen Knoten, wenn die Menschen den anderen Vorhaltungen machen und ihre Argumentation dabei ausschließlich den eigenen Interessen anpassen. Lassen wir das Finden der eigenen sozialen Rolle, den Drang, anderen sagen zu wollen, was sie zu tun oder zu lassen haben, und sonstige Beziehungskonflikte außen vor, ist es immer noch kompliziert genug. Radikal formuliert könnte man sagen, der Mensch ist für das Klima nicht gut, viele Menschen sind es erst recht nicht. Ebenso könnte man meinen, bezogen auf das Alter und die Geschichte der Erde mit ihren Naturkatastrophen, Erwärmungen und Eiszeiten, sind wir ein zu vernachlässigendes Intermezzo. Aber mit den Gedanken entferne ich mich doch wieder von dem Punkt: Wie soll oder will man so ein Leben leben? Ich kann es anderen nicht vorschreiben und es mir – außerhalb der Gesetze – von anderen auch nicht vorschreiben lassen. Ich muss es jedes Mal selbst neu entscheiden. Ein Ansatz, den ich einmal in einem „Bahnmagazin“ gelesen habe, gefällt mir in diesem Zusammenhang: Ein Klima- oder Naturbotschafter sagte in einem Interview, es bringe nichts, die Menschen permanent für ihre Unzulänglichkeiten zu geißeln. Die Schuldgefühle, die medial gerne gepflegt werden, lösen eher Trotzreaktionen, Lähmung oder Gleichgültigkeit aus. Besser sei es, jeden positiven Schritt ins Bewusstsein zu rufen und darauf aufzubauen. Positive Verstärker bewegen mehr als negative.

Und es bleibt eine Abwägung. War es gut, nach Namibia zu reisen? Für die vielen tiefen Eindrücke bin ich unendlich dankbar. Werde ich wieder fliegen? Weiß ich nicht. Ich werde wieder abwägen, die losgetretene Debatte und das Bewusstsein für die Erderwärmung werden dabei weiter an Gewicht gewinnen. Die Zahl der innereuropäischen Flüge wird voraussichtlich von 10 Millionen im Jahr 2015 auf 25 Millionen im Jahr 2050 ansteigen. Die weltweite Flotte an Passagierflugzeugen wird sich in den nächsten 20 Jahren verdoppeln, da vor allem in Asien Fliegen immer beliebter wird. Soll Kerosin höher besteuert werden? In meinen Augen ja, weil die Abwägung um diesen wichtigen Aspekt ergänzt werden sollte. Soll man – jedenfalls bis dahin – mit einer freiwilligen Spende für Ausgleichsmaßnahmen zahlen? Klimafreundlich wird der Flug dadurch nicht, aber es ist ein Ansatz.

Der Aufruf kommt. Ich gehe ans Gate und kurz darauf am Rollfeld entlang zum Flieger. Wieder ist es dunkel, aber deutlich wärmer als am Morgen unserer Ankunft.

Siebzehn

Der Weg zurück

„Wir haben Phantasie mit Erfahrung getauscht."

Gwendolin Weisser

Selbst der Rotwein lässt mich nicht einschlafen. Eine Weile schaue ich in die Dunkelheit hinter dem Fenster, dann auf den Bildschirm vor mir. Diesmal habe ich eine große Filmauswahl. Als ich aus Ecuador zurückkehrte, sah ich „Creed". Jetzt unterstützt Sylvester Stallone Apollos Sohn Adonis (die Begeisterung für griechische Götternamen blieb in der Familie) in „Creed II" im Kampf gegen Ivan Dragos Sohn Victor. Passend zu dem Boxer-Epos um den wohl auch unsterblichen Rocky fliege ich während des Films über Kinshasa, wo Muhammad Ali vor 45 Jahren George Foreman spektakulär bezwang. Irgendwann nach dem nicht weniger spektakulären Sieg Adonis' und der Versöhnung von Vater und Sohn Drago schlafe ich ein.

Als es hell wird, denke ich noch einmal an Gwendolin Weisser und Patrick Allgaier, die durch Europa, Asien und Nordamerika reisten. In Mexiko kommt ihr Sohn zur Welt. Nach Ankunft ihres Schiffes in Spanien wandern sie den Rest ihres über 100.000 Kilometer langen Weges nach Freiburg zurück. Was am Ende von dieser Reise bleibe, fragen sie sich. „Wir haben Phantasie mit Erfahrung getauscht", sagt Weisser. Und Allgaier: „Am Ende bleibt die Erfahrung, dass es sich lohnt zu vertrauen."

Von oben fällt mir auf, wie dunkelgrün der Odenwald und dicht besiedelt die Rhein-Main-Ebene ist. Im Zug freue ich mich über den Main. Einen solchen Fluss habe ich eine Weile nicht mehr gesehen. Im Auto bediene ich bei strahlendem Sonnenschein den Scheibenwischer statt des Blinkers.

Gleich sehe ich meine Familie wieder. „Hast du einen langen Bart bekommen", wird Jan sagen. Und Naomi: „Du schaust wild aus."

Ich bin „voller positiver Energie", wie Michael sagen würde. Es ist viel passiert.

Zeittafel

Vor 26.000 – 28.000 Jahren: Die ältesten Felsbilder in Namibia entstehen.

Ab ca. 400 v. Chr.: Die beheimateten San und Damara werden von zuziehenden anderen schwarzen Völkern verdrängt.

1486: Der portugiesische Seefahrer Diego Cão geht bei Cape Cross an Land.

1500: Bantu wandern aus dem Nordosten ein.

1652: Niederländer siedeln in der Kapregion.

17. Jhdt.: Herero wandern aus dem Norden in das Kaokoveld ein.

Ab 18 Jhdt.: Auseinandersetzungen zwischen den nach Süden ziehenden Herero und den aus dem Süden vorrückenden Nama

1795: Briten annektieren Walvis Bay.

1820: Mit Nama verwandte Orlam-Stämme ziehen von Süden aus in das Land.

1840: Orlam-Kaptein Jonker Afrikaner gründet eine Siedlung in Windhoek.

1850: „Blutbad von Okahandja“: Jonker Afrikaner überfällt und tötet mit seinen Gefolgsleuten am Moordkoppie 700 Herero.

1868: Baster siedeln bei Rehoboth.

1878: Großbritannien besetzt Walvis Bay.

1880: „Blutbad von Okahandja“: Ermordung der in Okahandja befindlichen Orlam-Afrikaner durch Herero unter Führung des Häuptlings Maharero und Zerstörung Windhoeks; Flucht Jan Jonker Afrikaners.

1884: Von Lüderitz erworbene Ländereien werden unter deutschen Schutz gestellt.

1885: Die Deutsche Kolonialgesellschaft für Deutsch-Südwestafrika wird gegründet.

Das Deutsche Reich schließt mit Maharero einen „Freundschafts- und Schutzvertrag“.

1889: Erste deutsche Schutztruppe

1890: Tauschhandel Caprivi – Sansibar/Helgoland; Errichtung einer Militärstation in Windhoek unter Curt von Francois; der Schutzvertrag des Deutschen Reiches mit Maharero wird wieder in Kraft gesetzt.

1894: Schlacht der Schutztruppe gegen Hendrik Witbooi in der Naukluft; der deutsche Gouverneur Theodor Leutwein unterstützt unter Verfolgung der „divide-et-impera"-Politik Samuel Maharero, einen Sohn des Herero-Häuptlings Maharero, im Nachfolgestreit.

1897: Ausbruch der Rinderpest

1904 – 1907: Herero- und Nama-Aufstand

1908: Fund erster Diamanten bei Lüderitz

1914: Ausbruch des Ersten Weltkrieges

1915: Beginn der südafrikanischen Herrschaft im Gebiet Südwestafrika

1919: Das Deutsche Reich verzichtet im Versailler Vertrag auf alle überseeischen Kolonialbesitzungen.

1940 – 1942: Henno Martin und Hermann Korn leben im Kuisep-Canyon.

1946: Südafrika weigert sich, der UNO die Treuhandschaft über Südwestafrika zu übertragen.

1948: Einführung der formalen Apartheidpolitik in Südwestafrika

1959: Zwangsumsiedlung der schwarzen Bevölkerung Windhoeks nach Katutura, Aufstand in der alten Werft in Windhoek

1960: Gründung der SWAPO

1966: Die SWAPO beginnt den militärischen Unabhängigkeitskampf.

1968: Umbenennung Südwestafrikas in Namibia durch den UN-Sicherheitsrat

1971: Internationaler Gerichtshof in Den Haag erklärt die Präsenz Südafrikas in Namibia für illegal.

1978: Angriff der südafrikanischen Armee auf das SWAPO-Lager in Cassinga

1990: Unabhängigkeit Namibias; erste Regierung unter Präsident Sam Nujoma

1993: Eingliederung des südafrikanischen Walvis Bay

2001: Einige Vertreter der Herero strengen eine Klage gegen Deutschland wegen des Völkermordes während des Herero-Aufstandes 1904 vor einem US-Gericht an.

2003: Das US-Gericht weist die Klage ab.

2004: Herero und Deutsche gedenken des Beginns des Herero-Aufstandes 1904.

2008: Der Deutsche Bundestag lehnt Reparationszahlungen an die Herero ab.

2016: Die Bundesregierung erkennt an, dass „der Vernichtungskrieg von 1904 bis 1908 ein Kriegsverbrechen und Völkermord“ im „historisch-politischen“ Sinne war.

2019: Abweisung einer Sammelklage von Vertretern der Ovaherero gegen die Bundesrepublik durch ein US-amerikanisches Gericht in New York

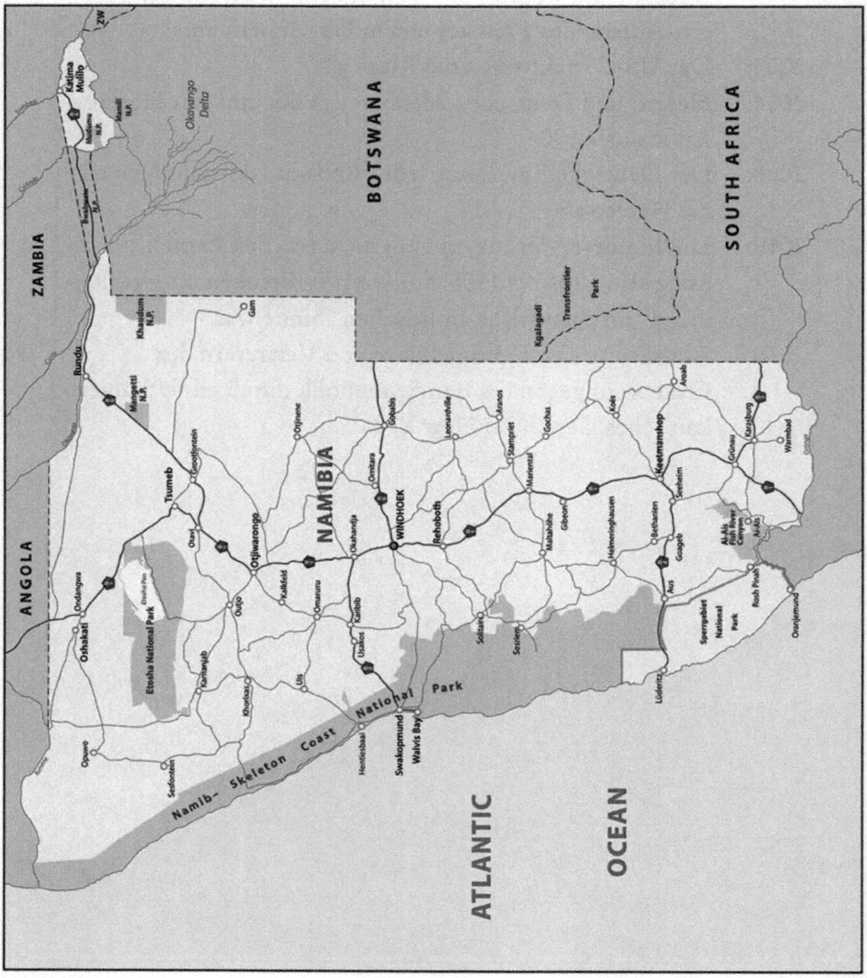
ANGOLA
ZAMBIA
BOTSWANA
SOUTH AFRICA
NAMIBIA
ATLANTIC
OCEAN
Namib- Skeleton Coast National Park
Etosha National Park
Kgalagadi Transfrontier Park
Okavango Delta
WINDHOEK
Katima Mulilo
Rundu
Tsumeb
Grootfontein
Otjiwarongo
Oshakati
Ondangwa
Opuwo
Khorixas
Kamanjab
Outjo
Otavi
Okahandja
Gobabis
Rehoboth
Mariental
Keetmanshoop
Lüderitz
Swakopmund
Walvis Bay
Henties Bay
Usakos
Karibib
Omaruru
Kalkfeld
Uis
Sesfontein
Solitaire
Sesriem
Maltahöhe
Gibeon
Helmeringhausen
Bethanien
Seeheim
Aus
Goageb
Grünau
Karasburg
Warmbad
Rosh Pinah
Oranjemund
Sperrgebiet National Park
Ai-Ais Fish River Canyon
Ai-Ais
Koës
Aroab
Aranos
Gochas
Stampriet
Leonardville
Omitara
Otjinene
Mangetti N.P.
Khaudum N.P.
Gam
Mudumu N.P.
Mamili N.P.
ZW

Literatur

Becker, Joachim: Vernünftig fliegen?, Süddeutsche Zeitung, 29. Juni 2019

Bieber, Horst: In die Wüste, Die Zeit Nr. 45/1997, 31. Oktober 1997

Boyle, T.C.: América, dtv Verlagsgesellschaft, 2006

Deville, Patrick: Pest und Cholera, Verlag Bilger, 2017

Eicker, Steffen: Der Deutsch-Herero-Krieg und das Völkerrecht, Peter Lang Verlag, 2009

Von Kittlitz, Alard: Wie viel Stille ertragen wir?, Die Zeit Nr. 53/2018, 19. Dezember 2018

Reinhart Kößler; Henning Melber: Völkermord und Gedenken. Der Genozid an den Herero und Nama in Deutsch-Südwestafrika 1904–1908. In: Irmtrud Wojak, Susanne Meinl (Hrsg.): Völkermord. Genozid und Kriegsverbrechen in der ersten Hälfte des 20. Jahrhunderts (= Jahrbuch zur Geschichte und Wirkung des Holocaust. Bd. 8). Campus, Frankfurt am Main 2004, S. 49.

Martin, Henno: Wenn es Krieg gibt, gehen wir in die Wüste, Verlag Two Books, 2008

Murphy, Alan: Lonely Planet Reiseführer Namibia, Botsuana, Verlag Lonely Planet, 2017

Osterhammel, Jürgen: Die Verwandlung der Welt: eine Geschichte des 19. Jahrhunderts, C.H. Beck, 2. Auflage, 2016

Otto, Rudolf: Das Heilige: Über das Irrationale in der Idee des Göttlichen und sein Verhältnis zum Rationalen, C.H.Beck, 4. Auflage (12. Februar 2014)

Pack, Livia und Peter: Reiseführer Namibia, Verlag Stefan Loose, 8. Auflage, 2018

Pirsig, Robert: Zen und die Kunst, ein Motorrad zu warten, Fischer Verlag, 1978

Prantl, Dominik: Gebrauchsanweisung für Namibia, Piper Verlag, 2018

Von Poser, Fabian: Namibia, Verlag Karl Baedeker, 2019

Schmidt, Elisabeth: Energieintensive Herstellung: Smartphones 2040 die größten Klimakiller, ZDF, 31. Mai 2018, https://www.zdf.de/nachrichten/heute/smartphones-2040-gro-esste-klimakiller-100.html

Sonnenberg, Else: Wie es am Waterberg zuging, Verlag Uwe Krebs, Erstauflage 1905, Neuauflage: 2005

Sontheimer, Michael: Deutscher Rassenkrieg gegen die Herero, Der Spiegel, 26. Januar 2016

Spiewak, Martin: Was nicht in der Zeitung steht, Die Zeit Nr. 40/2018, 27. September 2018

Ullrich, Volker: „…deutsches Blut zu rächen", Die Zeit Nr. 3 / 1994, 14. Januar 1994

Willemsen, Roger: Die Enden der Welt, Fischer Verlag, 6. Auflage, 2016

Wirnshofer, Josef: Du doch auch, Süddeutsche Zeitung, 29. Juni 2019

Süddeutsche Zeitung, 7. März 2019, US-Gericht weist Klage zu deutschen Kolonialverbrechen ab https://www.sueddeutsche.de/politik/herero-nama-namibia-deutschland-voelkermord-1.4359508

Dank an

Angela Rechter für die wertvolle Hilfe bei Planung der Reiseroute und Buchung der Unterkünfte,
Stefan für die Begleitung, die Gespräche und die ausgeprägte Bereitschaft, jede Offroad-Piste zu fahren,
Corina, Steffen und Thomas für die sorgfältige und kritische Korrektur,
Michael und Erik für die gewährten Einblicke in Euer Lebensumfeld,
Naomi und Jan für Eure Ideen und Eure Begeisterungsfähigkeit.

Sebastian Fickert

Ecuador

Von Quito über die Straße der Vulkane in den südamerikanischen Regenwald. Sebastian Fickert nimmt den Leser mit auf eine Reise über hohe Gipfel der Anden bis in das Amazonasgebiet. Er schlendert durch die faszinierend schönen Gassen der höchstgelegenen Hauptstadt der Welt, verhandelt mit Otavalo-Indianern, schwimmt im Fluss neben Kaimanen und Piranhas und folgt den Spuren Alexander von Humboldts. Alpakas und Kondore begegnen ihm auf seinem Weg - und zufällig ein ihm bekannter Weltreisender.

»Fickert nimmt mit auf Abenteuer nach Ecuador.«

Main-Post

184 Seiten, Broschur
Format 14 x 22,5 cm
ISBN 978-3-8260-6244-5

Sebastian Fickert

Kasachstan

Zehn Tage ist Sebastian Fickert unterwegs. Über Prag und Moskau gelangt er nach Almaty, der größten Stadt Kasachstans nahe der Grenze zu China und Kirgistan. Auf seinem Weg durch den Süden des neuntgrößten Landes der Welt können ihn von nun an weder Kleinkriminelle in den Städten noch abenteuerlustige Rennfahrer auf den Straßen aufhalten. In dem Naturreservat Aksu-Zhabagly beeindruckt die Pflanzen- und Tierwelt, in der südlichen Metropole Schymkent das Nachtleben. Seine Reiseroute verläuft zunächst durch eine faszinierende Steppenlandschaft und entlang des gewaltigen Tien-Shan-Gebirges. Besonderen Nervenkitzel bereiten ein Abstecher nach Taraz, einem ehemaligen Handelszentrum der Seidenstraße, und der Flug mit einer Propellermaschine in den Norden des Landes, wo die Retortenstadt Astana mit einer Vielzahl von architektonischen Wunderwerken verblüfft. Bei Sonne und dauerhaftem Steppenwind trifft er keine Touristen, dafür auf verwegene Reiter, selbstbewusste Kasachinnen, aufgeschlossene Gastgeber, Jurten, freilaufende Pferdeherden und prachtvolle Moscheen.

»157 unterhaltsame, spannende und informative Seiten«

Main-Post

»Detailliert beschreibt der Autor die Schönheit der grandiosen Landschaft. Eine genaue Beobachtung von Menschen, Situationen und Umgebung kennzeichnen die Erzählung.«

Schweinfurter Tagblatt

»Eine fesselnde Darstellung, trefflich und pointiert formuliert«

Würzburg Spezial

160 Seiten, Broschur mit Fadenheftung
Format 14 x 22,5 cm
ISBN 978-3-8260-4588-2

Sebastian Fickert

Ararat

Feuriger Berg, Schmerzensberg, Mutter der Erde – die Bezeichnungen für den Ararat sind so unterschiedlich wie die Legenden, die sich um ihn ranken, oder die Perspektiven und Wahrheiten der Menschen, die in seinem Umkreis leben. Über Istanbul und Van reist Sebastian Fickert nach Dogubayazit, dem Ausgangspunkt für Expeditionen auf den Fünftausender. Gemeinsam mit einem Armenier und zwei Österreichern macht er sich auf, den Berg zu besteigen, auf dem die Arche gelandet sein soll. Diese findet er nicht. Dafür aber kurdische Hirten, gläubige Armenier, belastbare Pferde, höhenkranke Bergsteiger und Türken, die sich für vieles mehr begeistern können als für den höchsten Berg ihres Landes.

»Ein interessantes und spannendes Buch über eine abenteuerliche Reise in den östlichsten Winkel der Türkei.«

Main-Post

»Oftmals bietet die spannende Berggeschichte Fickert Gelegenheit, die Vielschichtigkeit des von Türken, Armeniern und Kurden bewohnten Gebietes aufzuzeigen. Da in Dialogen Menschen der verschiedenen Volksgruppen zu Wort kommen, gelingt es dem Autor, die unterschiedlichen Sichtweisen aktueller oder historischer Gegebenheiten des Landes ohne eigene Wertung darzustellen.«

Schweinfurter Tagblatt

160 Seiten, Broschur mit Fadenheftung
Format 14 x 22,5 cm
ISBN 978-3-8260-5697-0

Sebastian Fickert

14 Wochen Japan

Ein unvoreingenommener, japanunkundiger Mitteleuropäer taucht in die Welt Tokyos ein. Witzig und ironisch erzählt der Autor in 59 kurzen Geschichten Erlebnisse, Eindrücke und scharfsinnig beobachtete japanische Begebenheiten, für die er im Laufe des Aufenthalts Verständnis entwickelt.

»Es gelingt dem Autor dank seiner ausgeprägten Beobachtungsgabe, dem Leser seine vielfältigen Erfahrungen, Kultur, Menschen und Gepflogenheiten eines fremden Landes näher zu bringen. Er versteht es ausgezeichnet, seine Erlebnisse und Eindrücke authentisch zu schildern.«

Life & Law

»Ob Sprachbarrieren, unterschiedliche Mentalität oder ungewohnte Landesbräuche - der lebendige Stil der Schilderung macht das Buch zu einer vergnüglichen Lektüre.«

Main-Post

»Unterhaltsame und scharfsinnige Beobachtungen – besonders empfehlenswert für Reisende, die zum ersten Mal nach Japan fliegen: Nach der Lektüre der 152 Seiten ist man auf das Land gut vorbereitet.«

Main-Echo

152 Seiten, Broschur mit Fadenheftung
Format 14 x 22,5 cm
ISBN 978-3-8260-3066-6

Sebastian Fickert

Der Frosch auf dem Wasser

„Der Frosch auf dem Wasser" schildert die Geschichte der Juristen Frank und Stefan, zweier ungleicher Freunde. Frank lehnt jegliche Bindung ab und sucht die Leichtigkeit. Stefans Leben ist geprägt von Verantwortung und Kontinuität. Trotz und wegen ihrer Unterschiedlichkeit erkennen sie sich gegenseitig.
Ihre Geschichte erzählt von Besitz, Nähe, Abstand, Stärke, dem unterschiedlichen Umgang mit Problemen, Perspektiven, dem Moment und der Zeit.

»So gelingt es dem Autor durch seine prägnante Sprache und präzise Wortwahl, den Leser in die spannungsvolle Welt seiner Romanhelden mitzunehmen.«

Main-Post

160 Seiten, Broschur mit Fadenheftung
Format 14 x 22,5 cm
ISBN 978-3-8260-4043-6

Sebastian Fickert

Eckert oder Der Vogel im Weinberg

Das hätte sich der Eckert nicht träumen lassen. Jahrelang hat er in Würzburg von dem Erbe seines Vater gut gelebt, ohne Arbeit, ohne Probleme und vorwiegend nachts. Und auf einmal platzt eines Abends eine Frau in sein Leben. Um sie zu beeindrucken, gibt er sich als Detektiv aus und schlittert in eine Geschichte, die ihm immer mehr entgleitet. Bei dem Versuch, einen angeblich untreuen Ehemann zu überführen, kommt es zu unsanften Begegnungen mit Kriminellen. Plötzlich taucht auch noch seine Exfreundin auf und er hat mehr Probleme am Hals, als er sich jemals hätte vorstellen können.

»Fickert schildert in diesem Roman humorvoll Facetten des menschlichen Lebens. Wie Max Eckert wird auch der Leser immer tiefer in die Geschehnisse hineingezogen, sodass er voller Spannung auf eine Auflösung der in sich verwobenen Handlungsstränge am Ende des Buches wartet.«

Main-Post

160 Seiten, Broschur mit Fadenheftung
Format 14 x 22,5 cm
ISBN 978-3-8260-5311-5